ZHONGGUO JIAPEI HANGYE DIAOYAN BAOGAO

中国驾培行业调研报告

中国道路运输协会机动车驾驶培训分会 组织编写
闫文辉 王传伦 主 编

人民交通出版社股份有限公司
China Communications Press Co.,Ltd.

内 容 提 要

本书从驾培行业发展现状、面临的主要问题、发展趋势出发，围绕经营管理、转型升级、品牌建设等多个方面全面总结取得的成绩，科学提炼工作经验，客观评述发展现状，汇集了大量的真实案例和详实的数据，系统介绍了驾校运营和行业协会相关工作的理论与实践。

本书可供驾培行业管理部门和驾培机构经营者学习参考使用。

图书在版编目（CIP）数据

中国驾培行业调研报告/中国道路运输协会机动车驾驶培训分会组织编写；闫文辉，王传伦主编.—北京：人民交通出版社股份有限公司，2022.7

ISBN 978-7-114-18009-5

Ⅰ.①中… Ⅱ.①中… ②闫… ③王… Ⅲ.①汽车驾驶员—培训—研究报告—中国 Ⅳ.① U471.3

中国版本图书馆 CIP 数据核字（2022）第 091468 号

书　　名：中国驾培行业调研报告
组织编写：中国道路运输协会机动车驾驶培训分会
主　　编：闫文辉　王传伦
责任编辑：刘泽宇
责任校对：孙国靖　宋佳时
责任印制：刘高彤
出版发行：人民交通出版社股份有限公司
地　　址：(100011) 北京市朝阳区安定门外外馆斜街 3 号
网　　址：http://www.ccpcl.com.cn
销售电话：(010)59757973
总 经 销：人民交通出版社股份有限公司发行部
经　　销：各地新华书店
印　　刷：北京印匠彩色印刷有限公司
开　　本：710 × 1000　1/16
印　　张：15.25
字　　数：205 千
版　　次：2022 年 7 月　第 1 版
印　　次：2022 年 7 月　第 1 次印刷
书　　号：ISBN 978-7-114-18009-5
定　　价：158.00 元
（有印刷、装订质量问题的图书由本公司负责调换）

《中国驾培行业调研报告》

编撰单位

组织编写单位

中国道路运输协会机动车驾驶培训分会

参 编 单 位

人民交通出版社股份有限公司

河北省机动车驾驶员培训行业协会

北京京安驾驶人安全与素养研究院

《中国驾培行业调研报告》

编写领导小组

组　长	王丽梅	中国道路运输协会会长
副组长	闫文辉	中国道路运输协会副会长
	张光合	中国道路运输协会秘书长

指导委员会

主　任　闫文辉

副主任　张光合　王传伦

委　员　刘云军　王志霞　张　军　李　超
王湘萍　王文清　马　宏　刘禹辉
周建元　胡　莹　马宏谊　刘晓春
杨　华　朱灿培　李秀萍

《中国驾培行业调研报告》

编 写 组

主　编　闫文辉　王传伦

副主编　刘　硕

成　员　赵晓华　巩建国　李　洁　孟兴凯

李　超　王文清　马　宏　刘禹辉

马宏谊　汪修军　俞维林　张志国

束龙友　曹仁磊　顾熵鲁　孟　虎

薛利平　颜建平　王献忠　王　飞

陈　磊　张天恩　弓　芳　牛文江

作者简介

闫文辉

中国道路运输协会副会长，机动车驾驶培训分会理事长；中国道路交通安全协会副会长；东方时尚驾驶学校股份有限公司总经理；北京市光彩事业促进会副会长；北京市大兴区工商联副主席；政协北京市第十二届委员、政协北京市大兴区第四届、第五届委员；工商联北京市第十二、十三届执行委员。

王传伦

中国道路运输协会机动车驾驶培训分会专家组组长；河北省机动车驾驶员培训行业协会会长。

李　超

中国道路运输协会机动车驾驶培训分会副理事长；浙江省机动车驾驶人培训行业协会会长；永康市先行汽车驾驶员培训有限公司总经理。

王湘萍

高级工程师，中国道路运输协会机动车驾驶培训分会副理事长；北京市公交汽车驾驶学校有限公司总经理。

王文清

中国道路运输协会机动车驾驶培训分会副理事长；江西省机动车驾驶员培训行业协会会长；江西蓝天驾驶培训中心有限公司党委书记、总经理。

马 宏

中国道路运输协会机动车驾驶培训分会副理事长；易显智能科技有限责任公司创始人、董事长；河北利安投资集团有限公司执行董事。

刘禹辉

中国道路运输协会机动车驾驶培训分会副理事长；内蒙古机动车驾驶员培训行业协会理事长；内蒙古安达汽车驾驶培训有限责任公司总经理。

胡 莹

中国道路运输协会机动车驾驶培训分会副理事长；湖南省机动车驾驶员培训行业协会理事长；株洲市时代驾校有限责任公司创始人、校长。

马宏谊

中国道路运输协会机动车驾驶培训分会副理事长；广东省道路运输协会常务理事；广州市机动车驾驶培训行业协会常务副会长；广东省粤安驾培集团董事长。

刘晓春

中国道路运输协会机动车驾驶培训分会副理事长；陕西省机动车驾驶员培训协会会长；陕西省道路交通安全协会名誉主席；汉中公共交通集团创始人；中华全国工商业联合会第十一次会员大会代表；陕西省第十二届、第十三届人大代表；陕西省第十届政协委员。

赵晓华

博士，中国道路运输协会机动车驾驶培训分会专家组副组长；北京工业大学教授，博士生导师；美国国家交通研究协会 (TRB) 车辆用户特征委员会委员 (AND10)；交通控制设施委员会委员 (AHB50)；世界交通运输大学 WTC 交通安全管理技术委员会主席 (JT0401)；《中国公路学报》《交通信息与安全》编委会委员；中国道路运输协会第六届理事；中国公路学会交通工程与信息化分会理事；北京交通工程学会监事及交通信息与控制专业技术委员会委员。

巩建国

副研究员，中国道路运输协会机动车驾驶培训分会专家组副组长；公安部道路交通安全研究中心驾驶人安全研究室负责人。

李　洁

编审，中国道路运输协会机动车驾驶培训分会专家；人民交通出版社股份有限公司安全驾驶产品推广中心主任。

孟兴凯

副研究员，中国道路运输协会机动车驾驶培训分会专家；交通运输部公路科学研究院副研究员；《公路交通科技》《交通节能与环保》期刊审稿专家。

汪修军

中国道路运输协会机动车驾驶培训分会专家；安徽省机动车驾驶培训行业协会会长；安徽军源科技有限公司总经理。

张志国

中国道路运输协会机动车驾驶培训分会专家；中国道路运输协会常务理事、货运与物流分会副理事长；河北省道路运输协会会长；明城恒盛集团董事长；保定市工商联副主席；涿州市人大常委；政协河北省第十一届委员会委员、保定市第十三届人大代表。

曹仁磊

中国道路运输协会机动车驾驶培训分会专家；北京国交安驾文化传播有限公司总经理；全国道路运输从业资格工作专家库专家。

顾燏鲁

中国道路运输协会机动车驾驶培训分会专家；北京通安信息技术有限公司董事长，中国道路运输协会理事。

孟　虎

博士，中国公路工程咨询集团有限公司中国交建智能交通研发中心副主任工程师。

张天恩

上海安亭机动车驾驶员培训有限公司常务副总经理、执行校长，兼任上海通永实业有限公司通榕机动车驾驶员培训部副总经理。

薛利平

浙江省机动车驾驶人培训行业协会副会长，舟山市机动车驾驶人培训行业协会会长。

颜建平

浙江省机动车驾驶人培训行业协会监事长；温州市机动车驾驶人培训行业协会常务副会长；乐清市畅达驾培有限公司执行总裁。

王献忠

安徽省机动车驾驶培训行业协会副会长，安徽新常态驾培咨询公司董事长。

陈　磊

安徽蒙城春蕾光彩驾校总经理；蒙城县青年创业者协会副会长；亳州市政协委员。

王　飞

湖南省机动车驾驶员培训协会副理事长；郴州市机动车驾驶培训行业协会副会长；宜章鸿鑫机动车驾驶员培训学校校长；宜章县工商业联合会（商会）第十一届副会长；郴州市工商业联合会（商会）第六届执行委员会委员。

刘　硕

中国道路运输协会机动车驾驶培训分会办公室主任；北京京安驾驶人安全与素养研究院院长。

弓　芳

中国道路运输协会机动车驾驶培训分会干事；北京京安驾驶人安全与素养研究院宣传部主任；北京市智库领域服务机构第二联合党委委员。

序

机动车驾驶培训机构是服务道路运输高质量发展和实现交通安全的基石，肩负着重要的社会责任。短短二十余载，驾培行业伴随着我国机动化的浪潮实现了高速增长，行业的发展速度如此惊人，我们在享受发展带来红利的同时，需要沉下心来深刻思索行业的核心价值观和在整个道路交通安全系统中的地位。

随着行业管理部门对行业治理提出新要求，行业发展对守正创新提出新呼声，人民群众对学车提出新期待，站在新的历史起点上审视驾培行业的过往，行业正处于转型的关键时期，历史遗留问题和既有发展模式对行业未来形成挑战：应试、死板的教育模式与培养安全文明的驾驶人的社会诉求不适应；粗放、集中的发展模式与人民群众对服务多元化的需求不适应；传统、低效的培训方式与社会快节奏的生活方式不适应。要从根本上扭转这些不充分、不平衡问题，必须立足于历史形势和发展趋势，以创新求发展、以创新破难题，努力构建驾培高质量发展的技术路线。

中国道路运输协会机动车驾驶培训分会组织专门人员，克服疫情影响，经过一年的调研，形成了《中国驾培行业调研报告》一书。本书从驾培行业发展现状、面临的主要问题、发展趋势出发，围绕经营管理、转型升级、品牌建设等多个方面全面总结取得的成绩，科学提炼工作经验，客观反映发展现状，汇集了大量的真实案例和详实的数据，系统地介绍了驾校运营和行业协会相关工作的理论与实践。风格特点突出专业性、实用性、引导性，采用图文并茂的形式，语言生动，文字流畅，可读性强。本书的出版填补了长时间以来驾培行业缺乏专业、朴实、深入的调查研究空白，并以图书出版的形式进一步系统整合机动车驾培领域理论与实际、管理与经营的信息资源。本书不仅是广大驾驶培训机构提高理论水平，明确行业发展方向的基本读物，也是行业主管部门了解和把握行业动态的重要参考，更是向社会宣传驾培、让社会了解驾培的重要工具，具有重要的导向作用，有效提升了行业凝聚力，扩大了行业社会影响力。

希望广大从业者切实增强企业责任感，增强勇于变革、勇于创新的信心、决心和恒心，进一步解放思想、与时俱进，共同推动驾培行业在新的发展机遇和历史起点上取得新成就、迈出新步伐。

是为序！

二〇二一年十二月

目录

第一篇 区域调研报告

第二篇　专题报告

第一篇　区域调研报告

聚力改革创新　推进转型发展

——“大走访、大调研”报告之一

中国道路运输协会驾培分会调研组

2021 年 3 月 29 日至 4 月 2 日，中国道路运输协会机动车驾驶培训分会（以下简称“中道协驾培分会”）调研组赴内蒙古自治区开展走访调研工作。

内蒙古自治区是中道协驾培分会“大走访、大调研”活动开展的第一站。此次走访调研工作得到了内蒙古自治区、呼和浩特市、鄂尔多斯市各级机动车驾驶培训和考试主管部门、机动车驾驶培训行业协会及 20 余家驾培机构的大力支持。内蒙古驾培协会协调培训考试主管部门，强力推进改革，创新发展模式，走出一条行业转型升级的新路径。

培训考试联网共享共管深入推进。2014 年 6 月，呼和浩特市在全国率先实现训考联网对接，为驾培改革提供了先行先试经验。在此基础上，内蒙古驾培协会在协调沟通上持续发力，推动培训考试联网对接，统一由驾驶培训监管平台向考试平台推送学时数据，形成培训考试联动管理、无缝对接的良好局面。内蒙古自治区交通运输管理局（以下简称“运管局”）专门下发《关于加强机动车驾驶员培训学时造假行为整治工作的通知》（内交运管发〔2020〕6 号），采取技术监控与专项整治双管齐下，努力提高学时信息真实度，不断巩固联网对接成果。

严厉打击伪造、篡改学时信息数据的违法行为。2020 年初疫情期间，个别驾校上传虚假培训学时信息，被监管平台识别，经主管部门同意，内蒙古驾培协会果断报案追究其法律责任。对于学时造假始终保持高压态势，有力促进了按纲施训，质量效益明显提高。

教练员管理持续加强。教练员资格证取消后，进入降门槛，培训不落实，教练员管理逐渐削弱。为此，内蒙古驾培协会协同行业主管部门顺应改革，研究建立教练员素质提升长效机制。内蒙古驾培协会根据《关于加强普通机动车驾驶培训教练员管理有关事项的通知》，于 2018 年 7 月下发了《内蒙古自治区机动车驾驶教练员管理办法》。根据驾校培训教练员缺少师资力量、期盼行业协会统一组织培训的实际情况，内蒙古驾培协会于 2020 年 6 月下发了《关于开展全区机动车驾驶教练员岗前培训工作的通知》，组织协调自治区教练员培训工作。内蒙古驾培协会根据各盟市驾培协会上报参加岗前培训的人员数量，安排订购培训教材，制定岗前培训计划、协调优秀教师资源、编写复习题库及考试试卷、制作教练员身份标识牌等工作，并负责对机动车驾驶教练员培训工作进行指导和监督。各盟市驾培协会负责组织协调辖区驾校教练员入职条件审核、岗前培训、结业考试、发放教练员身份标识牌等项工作。目前，鄂尔多斯、乌兰察布等市已开展教练员岗前培训工作。当地主管部门要求，教练员必须持有内蒙古驾培协会发放的身份认证并将信息录入监管平台后方可执教。通辽等部分盟市也已启动教练员培训筹备工作。

驾培新模式、新服务风生水起。内蒙古驾培协会依托监管服务平台，研发推广驾驶培训理论教学服务平台、驾驶培训支付服务系统、学员驾考大讲堂 app，拓展蒙汉双语远程视频学习、理论教学和安全教育直播、在线约车培训、收费、先学后付等功能，实现培训服务便利化、效能化。引导驾校与中国银行签订《资金监管协议》，按照学员学车进度付费，保障资金安全，稳定培训价格。内蒙古自治区运管局发文推广应用智能机器人教练培训新模式。各盟市选择 1~2 所驾校试点，以点带面，融合创新，降本提质增效，转型“智慧驾培”。

图 1　中道协驾培分会调研组（以下简称“调研组”）参观内蒙古自治区公安厅交通管理局内蒙古车驾业务态势分析系统

图 2　调研组与内蒙古自治区交通厅运输管理局、内蒙古自治区公安厅交通管理局领导进行座谈交流

图 3　调研组与呼和浩特市交通运输局、呼和浩特市公安局交通管理支队领导进行座谈交流

图 4　调研组与鄂尔多斯市交通运输局、鄂尔多斯市道路运输管理局、鄂尔多斯市公安局交通管理支队领导进行座谈交流

图 5　调研组与内蒙古驾培协会、呼和浩特市驾培协会、呼伦贝尔市驾培协会、鄂尔多斯市驾培协会、包头市驾培协会和近 20 家驾驶培训机构代表进行座谈交流

图 6 调研组对内蒙古东方时尚驾驶培训有限公司、呼和浩特市通和驾驶员培训学校和鄂尔多斯市志远驾校考场进行走访调研，并对驾校现存问题进行深入交流讨论

江西省驾驶培训考试联网对接走在全国前列

——"大走访、大调研"报告之二

中国道路运输协会驾培分会调研组

2021年4月6日至9日，中国道路运输协会机动车驾驶培训分会（以下简称"中道协驾培分会"）调研组赴江西省走访调研。

根据江西省驾培协会的安排，调研组召开了三次座谈会，省驾培协会组织召集8个市驻市副会长参加座谈；走访了江西蓝天、景德镇众安、瑞金世通3所品牌驾校，与省驾培行业主管部门领导进行沟通交流。总的看来，江西省驾培消费呈现恢复性增长态势。2019年4月下旬复训后，市场出现反弹，到年底全省培训量达到84万人，比2018年下降12.5%。2020年全省培训量86万人，同比上升约2.5%。驾培放管服改革稳步推进，后续监管逐步加强，培训与考试联网共管走在全国前列。

江西省驾培协会充分发挥桥梁纽带作用，联合培训与考试主管部门，密切交流往来，加强合作共治，积极推动训考联网对接工作。2017年，上饶市训考联网对接试点成功，2018年开始全面推广。江西省修订《江西省道路运输条例》，规定公安交管部门受理考试，应当查验《培训记录》，为联网对接提供了法规支撑。在公安交管部门的大力支持配合下，2019年5月1日，全省完成联网对接工作。考试部门凭监管平台传输的培训学时信息受理考试，改变了过去学时监管与自主约考“两张皮”的现象。江西省运管局先后制定下发《江西省驾驶培训监管服务平台管理办法（试行）》《关于进一步加强计时培训运营商监管工作的通知》，明确各级运管机构在计时培训管理工作中的职责划分，制定驾培机构计时平台接入驾驶培训监管服务平台的申办流程以及设区市、县级运管机构使用监管服务平台审核驾培机构基础数据、培训学时信息的业务流程。对于行管机构工作人员不依法履行监管责任，驾培机构、教练员、计时平台运营商伪造篡改学时信息等，提出具体有力的处罚措施。现阶段，江西省驾培机构均已使用符合国家技术规范的计时平台和计时终端设备，记录、存储、上传学员培训学时信息，自觉接受运管机构的监督和管理，全面实现驾驶员培训与考试信息共享，建立驾驶员培训与考试工作高效衔接机制，形成运管机构与公安交管部门对驾驶员培训质量齐抓共管的新局面。

针对学时作假的“痛点”，省驾培协会积极配合行业管理部门强力“打假”。采取技防、人防、物防相结合，培训与考试主管部门处罚相衔接，多管齐下，综合治理，始终保持打击学时造假的高压态势。2020 年以来，各级行管机构共查处违规学时造假的驾校 244 所。将参与学时造假的 647 名教练员列入“黑名单”，向社会公布。对于 805 辆违规教练车停训，并通报公安交管部门停考。联合打假手段硬，力度大，有效遏制了伪造、篡改学时数据等违规行为，巩固了联网对接成果。

江西省培训考试联网对接积极稳妥，取得阶段性成果。具体表现为“三个明显”：一是学时管理逐步规范，培训质量明显提高。理论教学改变了“只背题不上课”的现象，远程教学落实较好，学法、知法、守法意识有所提升，实车操作人均学时大幅增加，新驾驶人初步达到“拿证会开车”；二是培训收费明显回升，联网对接后，随着培训学时增加，多数市小车培训收费上涨 600~800 元，为完成规定学时提供了经济支撑，初步改变了低于成本收费的不正当竞争乱象，驾校经营效益比联网前好转，江西蓝天驾校、景德镇众安驾校、瑞金世通驾校培训质量和效益同步提升，成为按纲施训的示范者、受益者，真正体现了优质高效、品牌制胜；三是市场秩序明显好转，学员只有在电子围栏中练车，才能上传有效学时，从而有效扼制非法培训，黑培训点越来越少。

调研组还与江西驾培协会深度研讨联网对接的新情况、新问题。如，培训与考试主管部门之间建立合作共管长效机制，及时研究解决联网对接中的矛盾和问题；加快构建全国学时监管“一张网”和部级层面联网对接，解决区域学时监管不一，“水往低处流”的难点；以熟练掌握交通法规和安全驾驶技能为基准，加大考试难度，倒逼学时落实，从源头上纠正“练为考”的偏向；加大事中事后监管力度，以行政强监管促进技术真监控等。只有解决这些带根本性的问题，联网共享、共管才能可持续，真正为培养合格驾驶人，减少道路交通事故实施有效的源头把关。

图 1　中道协驾培分会调研组（以下简称“调研组”）与江西省综合交通运输事业发展中心领导进行座谈交流

图 2　调研组特邀安徽省驾培协会与景德镇市公路运输管理处领导进行座谈交流

图 3　调研组与瑞金市道路运输管理局领导进行座谈交流

图 4　调研组与南昌市、九江市、上饶市、萍乡市、宜春市、景德镇市、鹰潭市、瑞金市 8 家驾培协会和 10 余家驾驶培训机构代表进行座谈交流

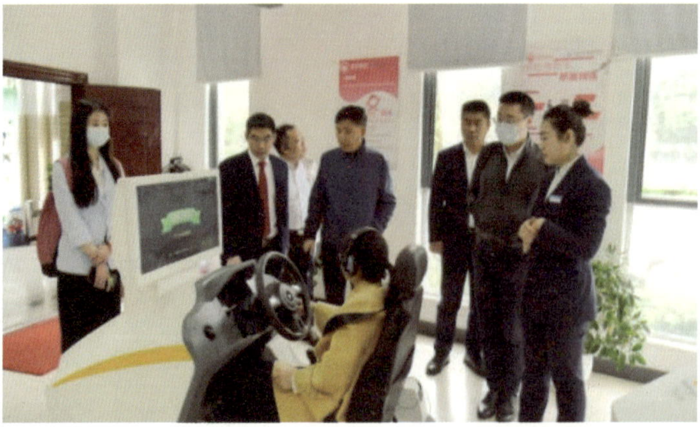

图 5　调研组对江西蓝天驾驶培训中心有限公司、浮梁县众安机动车驾驶员培训有限公司和瑞金市世通驾驶员培训学校考场进行走访调研

聚焦行业"痛点"　探索疏通新路

——"大走访、大调研"报告之三

中国道路运输协会驾培分会调研组

2021年4月9日至13日，中国道路运输协会机动车驾驶培训分会（以下简称：中道协驾培分会）调研组赴湖南省走访调研。在中道协驾培分会副理事长、湖南省驾培协会理事长胡莹的支持配合下，调研组召开了5次座谈会，7个市驻市副理事长和20多名驾校校长参加座谈，走访了全国驾培品牌株洲时代驾校，与省驾驶培训与考试主管部门领导进行了深入交流。

湖南省现有驾校1090所，教练车39394辆，年培训能力约315万人，年招生量约100万人，供求比超过3:1。个别地区供求比超过6:1。产能过剩导致恶性竞争。驾校之间、驾校与挂靠教练员之间相互"搏击"，违规培训、欺诈性收费等时有发生。一些地区市场监管跟不上，软弱无力，客观上助长了市场乱象的滋生和蔓延。驾校经营举步维艰，亏损面达到70%以上。许多校长反映，管住规范的，放任捣乱的，规范经营者吃亏，违规经营者获利，实质上助推了"劣币驱逐良币"。广大驾培人迫切期盼针砭"痛点"，疏经通络，谋新路，保生存，求发展。

调研中，我们也欣喜地看到，湖南省驾培协会积极配合行业主管部门，在放管服改革的新形势下积极作为，做了大量有益于行业健康发展的工作。如，取消教练员资格证后，协会组织教练员集中培训，自愿参加，培训结束发放执教卡，凭卡执教，并取得培训考试主管部门支持，从而解决了因门槛过低、部分驾校无能力培训导致教练员素质差、教学质量低的问题。特别值得提倡的是，湘潭、株洲等地驾培协会聚焦行业痛点，换脑筋、谋创新、转方式，初见成效。

1. 聚焦“政策依赖症”，更新发展理念

我们在调研中看到，不少校长不适应市场开放的新形势，迷恋过去的“政策保护”，仍然希望控制驾校数量，抬高准入门槛，限制审批三级驾校，恢复指令性价格等。对此，调研组同校长们共同探讨摆脱政策依赖，跟上改革步伐，用新理念推动新发展。大家一致认为，时代在发展，市场在变化，“放管服”改革是大势所趋，不可逆转。驾校校长的思维方式不能停留在过去，应当因时而变，顺势而上，不靠天、不靠地，要靠自己救自己。牢固树立市场化、法制化意识，练内功、做品牌、增活力，占领市场高地。与此同时，行业管理部门也要打破“重放轻管”的思维定式，强化事中事后监管，在资格审查、学时监管、市场治理等关键环节发力，动真格，下猛药，求实效，以有为监管构建有序市场。品牌驾校校长们强烈呼吁，我们不要政策保护，只要公平竞争。希望监管部门管出公平，管出质量，管出健康有序的市场环境。

2. 聚焦低价竞争的“痛点”，加强行业自律

低价竞争是行业切肤之痛，造成质效双降、市场混乱，驾校、学员以及道路交通安全深受其害。为了扭转这一局面，湘潭市驾培协会协调管理部门，创新培训和监管方式，双管齐下，综合治理。一是根据培训大纲规定培训学时成本，核算合理的培训收费标准，小车培训费不低于3000元，上报市场监督部门备案，向社会公示，多方监督执行，稳定了培训价格。大多数驾校收费维持在3000~3400元（不含考试、模拟训练等费用），为完成教学大纲学时提供了成本支撑。韶山市5所驾校195台车，年生源量只有2000多人。面对产能过剩的严峻形势，该市驾培协会会长、龙头驾校校长毛重兵勇

于担当，聚人心，立规矩，撬动行业自律与行政监管同频共振，严格按纲施训，规范市场秩序，小车收费保持在5000元以上，质量效益大幅提升，一直坚持10年之久。

二是创新资金第三方监管模式。他们认真吸取属地个别驾校卷钱跑路，引发群体性上访事件的深刻教训，从2016年7月1日起，在政府支持下，推行资金托管、先培后付。培训费由学员开户存入托管银行。资金托管银行与学时监管平台全程对接。学员每完成一科培训大纲规定学时，且无异议，托管银行才拨付驾校（挂靠经营教练员）学费。管住了资金，就管住了学时，管住了老板跑路的隐患源头。

3. 聚焦理论学习短板，创新教学模式

为了补齐理论培训，湘潭驾培协会牵头，委托第三方培训机构集中管理，按《教学大纲》规定的理论教学内容和学时进行培训。以小型车（C1）培训为例，远程教学通过手机APP完成16学时，课堂教学采取分区设点，集中授课，完成6学时，22个理论学时全部完成后，才能约考。在不影响驾校利益的前提下，合理收取理论培训费用。这一改革举措，彻底改变了理论培训“走过场”的现象，有效保证了教学大纲内容、学时落实，促进了学员安全文明驾驶意识养成。

4. 聚焦挂靠经营，寻找换道突围

湖南驾培挂靠经营现象比较普遍，有的地区占到90%以上。校长座谈中，大家深切感到，挂靠经营走进了死胡同。挂靠经营教练员掌握招生、定价、培训权，市场由驾校主导转为教练员主导，驾校滑向空心化、孤立化、边缘化，处于挂靠培训点的四面包围之中。挂靠费一降再降，最低200元/人。很多校长说，现在是驾校给教练员打工，教练员吃肉，驾校喝汤。加之驾校许可改备案，如挂靠教练员纷纷摆脱驾校，自立门户，驾校怕连汤都喝不成。痛定思痛，挂靠模式非改不可。目前，一些驾校采取回购挂靠车辆、购置新车、车辆挂靠到期终止合同、报废车辆停止挂靠等办法，逐步由挂靠经营向直营转型。株洲时代驾校坚持直营18年，始终规范培训经营，并引入智能机器

人教学新模式，量价双升，名列全市第一，为行业树立了样板，影响带动了更多驾校由挂靠转直营。

图 1　中道协驾培分会调研组（以下简称“调研组”）与湖南省道路运输管理局驾培管理科、湖南省交警总队车驾支队领导及株洲市、衡阳市、湘潭市、益阳市、常德市、郴州市、湘西土家族苗族自治州 7 家驾培协会代表进行座谈交流

图 2　调研组与湖南省机动车驾驶员培训协会领导、专家进行座谈交流

图 3 调研组与衡阳市道路运输服务中心领导、衡阳驾培协会和驾驶培训机构代表进行座谈交流

图 4 调研组与株洲市交通运输局服务中心领导、株洲驾培协会和驾驶培训机构代表进行座谈交流

图 5　研组与湘潭市道路运输服务中心、湘潭市交通运输综合行政执法支队领导和湘潭驾培协会和驾驶培训机构代表进行座谈交流

创造新模式　推动新发展

——“大走访、大调研”报告之四

中国道路运输协会驾培分会调研组

2021 年 3 月 29 日至 4 月 19 日，中国道路运输协会驾培分会调研组先后走访调研内蒙古自治区、江西省、湖南省、浙江省驾培行业情况。调研组看到，面对复杂严峻的风险和挑战，许多地区行业协会和驾校主动求变，找准发展之“机”，创造驾培新模式、新服务、新业态，走出一条适合本地特点的发展新路。

一、整合资源，稳定市场求发展

产能过剩，恶性竞争，质效双降……是困扰所有驾校的噩梦。怎样才能摆脱梦魇？浙江舟山、乐清、德清等地进行资产重组，联合经营，在竞合中稳市场、抗风险，推动行业良性发展。乐清市驾培市场一度“价格战”白热化，打得驾校活不下去了。“乱则思治”。该市行业龙头畅达驾校勇立潮头，牵头组建驾培联合体，订立自律公约，强化执行力，有效遏止了低于成本收费的不正当竞争行为。2016 年以来，小车收费始终稳定在 7000~8000 元 / 人，培训质量和效益明显提升。舟山市驾培协会引领驾校抱团发展，先后召开 102 次会议，历时一年半，达成“合则共赢、和则共生”的共识，联合重组新的股份制集团公司，闯出一条联合经营管理的成功之路。

一是化解过剩产能。将原来的 28 所驾校整合为 8 所，538 辆教练车去掉 250 辆，减去训练场 20 多块。

二是从低价竞争走向多重竞合，一起做大蛋糕。集团公司实行招生、收费、分配、管理、服务“五个统一”，充分发挥市场“稳压器”作用，影响和带动其他驾校“跟着走”，内耗少了，增量大了，呈现 1+1>2 的效应。

三是改变了驾培市场“多、小、散、乱”的现状，优化行业结构，提升培训水平和行业发展质量，推进规模化、品牌化、专业化、集约化经营。该市资源整合后，无黑车、无非法培训点、无欺诈性收费，学员投诉少了，驾校口碑好了，市场秩序大为改观。

二、科技创新，智能驾培增活力

近年来，内蒙古、山东、广东、河北、北京等地相继发布专项政策，扶持和推广智能驾培新模式。内蒙古自治区运管局在各盟、市选择 15 所驾校试点机器人教练培训，以行政手段驱动智能驾培落地。湖南株洲时代驾校引进机器人教练，在疫情期间发挥“不见面教学，零触点的培训”的优势，充当复训防疫排头兵。浙江省运管部门在杭州长远驾校进行机器人教练教学试点，总结经验，以点带面。据调查，目前智能机器人教练已在全国 20 多个省（区、市）推广应用，释放大规模“智能红利”，降本提质增效，有效应对产能过剩、成本上升、疫情冲击等多重挑战，形成新的更大的增长点。在与驾校和行管部门座谈中，大家一致认为，VR 智能模拟器、机器人教练应用进入新的发展阶段，驾培行业迎来智能学车新时代。各级行业管理部门要坚持包容审慎的原则，既要政策助力，认可培训学时，又要掌握标准，守住质量安全底线。在行业标准滞后的情况下，可借鉴河北省运管局引用实车智能培训系统团体标准的做法，保障产品质量和培训安全。各驾校要以新理念搭上智能驾培快车，加速智能化转型，提升核心竞争力。

三、补短板，强筋壮骨奔长远

各地驾培协会积极配合行业主管部门，引导驾校补短板，转方式，推动行业行稳致远。一是转换理论培训模式，补齐理论学习的短板。浙江、湖南湘潭等地驾培协会组织理论集中培训，将面授与线上授课结合起来，有效保证了教学大纲内容、学时落实，改变了“只背题不上课”的现象。二是补齐教练员管理的短板。湖南省、浙江金华、内蒙古鄂尔多斯驾培协会在教练员资格证取消后，协助驾校落实岗前培训，经考试合格上岗，并向考试部门报备。江西省行业管理部门运用监管服务平台筛查教练员入职条件，清理了1500余名不符合执教资格的教练员。浙江省多地订立《教练员自律公约》，约束教练员教学行为。浙江金华先行驾校、横店驾校采取多种手段打造教练员素质工程，树立服务优化、廉洁教学的良好形象。内蒙古鄂尔多斯志远驾校、浙江交通技师学院设想校企合作开办教练员班，为驾校培养、输送专业化教学人才。三是转换经营模式，补齐“挂靠经营”的短板。调研显示，一些地区驾校为了改变挂靠经营管理乱、效益差的状况，采取回购挂靠车辆、购置新车、车辆挂靠到期终止合同、报废车辆停止挂靠等办法，逐步由挂靠经营向直营转型。湖南宜章鸿鑫驾校果断摒弃挂靠经营模式，推行“直营 + 机器人教练 + 多班型”新模式，为传统驾培插上智能翅膀，培训成本大幅度下降，考试合格率提升13%，招生量成倍增长，示范带动属地驾校经营加快转型。四是创新第三方资金监管模式，补齐资金安全的短板。浙江、湖南湘潭吸取个别驾校卷钱跑路引发群体性上访事件的深刻教训，推行资金托管、先培后付。培训费由学员开户存入托管银行。资金托管银行与学时监管平台全程对接，按已完成的培训学时付费。采用第三方资金托管，既有效保护学车消费者权益，又为学时监管提供了有力抓手。

图 1　中道协驾培分会调研组（以下简称“调研组”）与浙江省公路与运输管理中心领导进行座谈交流

图 2　调研组与浙江省机动车驾驶人培训行业协会各副会长和 10 余家驾驶培训机构代表进行座谈交流

图 3　调研组对永康市先行汽车驾驶员培训有限公司和横店驾校进行走访调研

抱团抗风险　联营求发展

——“大走访、大调研”报告之五

中国道路运输协会驾培分会调研组

2021 年 5 月 6 日至 10 日，中国道路运输协会机动车驾培分会调研组赴安徽省走访调研。调研组召开了 3 次座谈会，与合肥、黄山、阜阳市主管领导、行业协会以及 40 多名驾校校长进行座谈。重点围绕驾培业抱团发展问题了解情况，交流经验，深入探讨，共谋良策。

“恶性竞争是驾校面临的共同挑战，需要各方团结合作应对”。这是安徽众多驾校的共识。安徽省许多地区驾校联合起来，共同应对产能过剩、低价竞争和疫情冲击等多重挑战。

据了解，安徽省驾校联合经营主要有四种模式：

第一种模式：驾培联合体。全省 16 个地级市 56 个县中，有 8 个市 28 个县成立驾培联合体，占 50%。这一模式带有普遍性，集中反映了驾校“摆脱价格战，抱团求生存”的强烈愿望。联合体通过价格杠杆，调节收入与分配，在短期内约束了低于培训成本的不正当竞争行为，对于稳定市场、提质增效起到一定的积极作用。但是，由于联合体结构松散，自律公约缺乏约束力，其成员往往为了一己私利“放水”“毁堤”，很难持久。现已有一半的联合体解散。

第二种模式：品牌联营。以合肥八一驾校为核心，数个品牌驾校强强联合，成立军源驾培集团。集团实行统一管理，规范培训，合理收费，优质服务，实现品牌集群效应，具有较强的竞争力、较高的盈利能力和抗风险能力。当然，由于集团成员驾校在经营理念、管理素质、利益诉求、地域环境等方面存在差异，难免产生意见分歧和矛盾，需要一个较长的磨合、适应过程。

第三种模式：股份合作模式。这一模式分为两类：

（1）区域驾校实行股份合作，由第三方进行托管。黄山新常态公司在全省率先托管同一行政区域内的股份合作驾校。从招生、培训到收入分配，实行全流程管理。按驾校前 3 年招生量评估股比，按股分红。公司运营两年多，企稳向好。具体表现为“三自”：一是自主经营，全市无一辆车挂靠经营；二是自我规范培训，公司统一组织培训，完成大纲规定学时，公司监管平台学时管理有力有效，一旦发现学员减时漏训，罚款 300 元 / 人。经查新常态公司台账，某驾校从 2020 年 5 月至 2021 年 2 月所训学员中，有 51 人学时不足但自主约考合格，罚款 15300 元，并责成该校召回学员补足学时；三是自律经营行为，公司统一设置报名大厅，小车培训收费 3880~4380 元 / 人不等（不含模拟训练费、考试费），由学员自主选择。按大纲规定学时培训保本有余。驾校普遍反映，新常态托管后，培训质量高了，效益好了，收入多了，风险小了。培训主管部门也感到市场好管了，投诉率下降 80% 以上。

（2）股份合作，自我管理。2017 年前，亳州蒙城驾培市场价格战白热化，小车培训价格跌到 1600~1800 元 / 人。春蕾光彩驾校为行业担当，自 2018 年开始，牵头联合县域 5 所驾校，组建驾培股份合作联盟。小车培训普通班价格恢复到合理区间，质量效益同步提升。亳州市其他区、县驾校纷纷效仿，同心协力抵制低价不正当竞争，市场秩序明显改观。全市小车普通班培训价格稳定在 3000 多元 / 人，既为保证培训质量提供成本支撑，又扼制无序竞争的市场乱象。

第四种模式：培训服务联盟。2018 年 8 月，阜阳市区 7 所驾校组建培训服务联盟。联盟为成员单位提供教学培训及共性业务发展需要的服务。管理模式为“五个统一”：统一宣传策划，统一资源调配，统一经营平台，统一服务标准，统一教学模式。学员自主选择联盟内驾校、车辆、教练，费用互结。两年多来，联盟本着共建共享的原则，办了10多件实事：共建体检照相中心、科目二模拟考场、信息化管理平台，统一安装科目三模拟考试设备，报批科目三训练路段，开发微信招生小程序，开展安全文明驾驶大赛，组织教练员继续教育培训，评选“最美驾校”，学习推广阜南安达仕驾校品牌建设经验等。一桩桩实事，让加盟驾校切身感受到联盟服务的温暖，更加坚定了抱团取暖的信心。

安徽省驾培行业抱团发展的实践证明，团结就是力量，合作才能共赢。“饥寒交迫，抱团取暖”，是多数身处市场寒冬驾校的迫切期盼。整合资源恰逢其时，联合经营势在必行。各类驾培联盟应运而生，既是消除内耗突破困境的有效途径，又是集约经营转型发展的必由之路。至于采取什么方式合作，大家都在“摸着石头过河”。还是那句经典老话“不管白猫黑猫，逮到老鼠就是好猫。”

图 1　中道协驾培分会调研组与安徽省道路运输管理服务中心、合肥、黄山、阜阳市主管领导、行业协会和 40 多名驾校校长进行座谈

强优势　补短板　推动行业高质量发展

——“大走访、大调研”报告之六

中国道路运输协会驾培分会调研组

2021 年 7 月 5 日至 9 日，中国道路运输协会机动车驾驶培训分会（以下简称“中道协驾培分会”）调研组赴陕西省走访调研。调研组实地走访了西安正华、华津、宝鸡冶锋、延安金凯顺四所品牌驾校，召开了四次座谈会，与西安、宝鸡、延安三个地市行业主管部门、行业协会以及近 30 位驾校负责人深入交流，重点探讨落实教学大纲中的经验和难点，探索破解发展瓶颈、培养安全文明驾驶人的可行路径。

陕西省现有普通机动车驾驶培训机构 510 家，教练车 1.8 万辆，教练员 1.56 万人，年培训量约 60 万人。受政策及市场变化影响，陕西省面临着产能过剩、无序竞争、培训学时落实不到位、教练员队伍素质降低等问题，严重影响行业发展质量。不少地方主管部门主动作为，行业协会积极协助，部分驾校探索差异化、品牌化运营思路，齐心协力推动驾培行业高质量发展。

一、构建有序市场，为行业高质量发展营造良好市场环境

市场环境之痛是驾培高质量发展的最大“痛点”，突破口就是强

化市场治理，管出公平和秩序。西安市培训规模全省最大，年培训量30万多人。但全市挂靠驾校林立，114家驾校中有111家存在不同程度的挂靠经营现象，招生培训点多达1万个以上。挂靠经营严重失管，低价竞争、减时漏训、降低培训质量成为普遍现象。多数驾校兴建了社会化考场，全市146家考场中大部分每月只能安排2次考试。驾校学员经过短训即交给考场，竞争的主战场由驾校转向考场。考能过剩引发无序竞争，又传导并加重了驾校经营压力，质量效益双降，行业亏损近60%。延安市驾培市场则与西安市截然不同，延安市行业管理部门在市场放开后强化监管，真正实现从“严进宽管”向“宽进严管”转变。他们积极推进计时培训管理，监督落实大纲规定培训学时；强化标准化驾培服务合同应用，合同签订率达100%，学员投诉率下降80%；大力整治非法培训点，为驾校规范培训营造良好环境。辖区38所驾校全部直营，小车收费3600~4200元/人，完成规定培训学时保本有余，87%的驾校盈利，成为行业低迷环境下的亮点。延安市与西安市驾培市场的鲜明对比表明，市场环境是驾培高质量发展的“土壤”和“空气”。面对疫情冲击、复杂多变的市场形势，驾校需要越来越好的“土壤”和“空气”。行业管理部门要以有为监管构建有序市场，以创新监管管出公平竞争、优胜劣汰，切实做到“放开不放任”“放手不甩手”。

二、加强训考合作，协调推进行业高质量发展

大家一致认为，培训与考试主管部门构建合作机制，实现驾驶培训与考试信息共享，推动培训与考试有效衔接，是落实大纲学时的有力抓手。宝鸡市示范先行，一枝独秀。该市自2016年开始，在全省率先实现联网对接。公安交管部门凭交通运输部门审核的学时信息受理考试，有效保证了规定学时培训。当地驾校负责人自豪的谈到，宝鸡驾校培训的高素质驾驶人，在全省有口皆碑。目前，陕西省级层面以及大多数地市仍未实现训考联网对接，客观上造成了

培训与考试标准不一，导致宝鸡市学员、考试费大量流失，质疑、责难之声不断。宝鸡市培训与考试主管部门在巨大压力下坚持联网共管 5 年，充分体现了质量安全源头把关的责任担当，而其他市多数持观望态度。陕西省驾培协会积极推动联网对接工作，但阻力很大。座谈中，各方强烈呼吁，要加快构建全国学时监管“一张网”，实行部级层面联网对接，自上而下推动各省、市联网对接共享共管，解决学时监管宽严不一的问题，从体制机制上保障按纲施训，提高培训质量和发展质量。

三、打造新型驾培经营主体，引领带动行业高质量发展

此次调研给我们印象最深的是，在驾培市场“小、散、乱”的环境中，一些大驾校经过不断扩张，实现了规模化、集约化运营，提高了行业集中度。汉中大中型汽车驾驶技能培训学校在提升中心城区培训考试能力的同时，陆续在多个县区布局驾校和考场，实行一体化管理，规范化培训，标准化收费，创造了闻名全省的“汉中模式”。目前，该校拥有科目二、科目三考场 9 所，自建、兼并驾校 6 所，年考试能力 12 万人、培训能力 2 万余人，并承担全市从业资格和继续教育培训。该校培训经营以质取胜，带头稳住市场价格，全市培训收费稳中有升。小车培训收费 3600~6100 元 / 人，大车培训收费 11000~15000 元 / 人。期间，也有个别驾校降价招生，但掀不起大浪，撼动不了汉中大中型驾培学校长期构筑的竞合大局。该校引进智能机器人教练培训，与陕西理工大学、汉中职业技术学院深度融合，构建数智驾培，带动行业转型升级。延安金凯顺驾校通过兼并重组，着力打造新型驾培集团。去年培训近 8000 人（其中大车驾驶人 3000 人），占全市培训量 1/5 以上，盈利近千万元，凸显集团化办学的规模效应。作为产业分工深化和集聚的高级形式，新型驾培经营主体具有强大的竞争力、影响力、带动力，在规模实力、区域布局、管理水平、人才队伍、品牌影响力等方面处于行业前列，是行业变革的先行者、联合重组的整合者。这类主体既是集约化经营的排头兵，又为提高驾培组织化水平提供了微观基础。

随着驾培市场竞争分化步伐加快，新型驾培经营主体大有迅猛发展之势，重塑行业新格局。

四、补短板，强弱项，深入推进行业高质量发展

陕西省驾培协会与主管部门、驾校协同共治，聚焦发展堵点补短板，进行富有成效的探索实践。一是补齐教练员素质短板，研究教练员从业资格证取消后的素质提升和管理问题。驾校负责人反映，教练员从业资格证取消后，从业门槛降低，驾校缺乏教练员培训的专业水平，致使队伍素质下降，严重影响培训质量。驾校有所呼，协会有所应。省驾培协会组建由26名驾培行业教学和技术权威专家参与的专家委员会，联合各地市职业教育培训机构，建立以订单培养、委托培养等形式的专业化教练员培训与继续教育机制，探索建立教练员质量信誉考核和黑名单制度。二是补齐不平等竞争的短板，推动行业由低价竞争转向品牌竞争。西安正华驾校在激烈的挂靠竞争中坚持直营，做大做强品牌，厚植竞争优势。在多数驾校以1000多元/人超低价竞争的重重包围中，正华驾校收费3500~5500元/人，年招生量高达5000余人，展示了优质品牌的力量。宝鸡高新女子驾校着力打造专精特新品牌，建立女子教练队，彰显主题品牌特色，每年招生3000~4000人。宝鸡冶峰驾校坚持长途驾驶基础训练，并引入智能机器人教练教学，激发品牌活力，提升新驾驶人专业素养。三是补齐开放市场后监管趋弱的短板，突出发展路径研究。面对驾校由许可改备案带来的潜在影响，省驾培协会配合主管部门，开展“机动车驾驶培训质量提升行动计划”项目专项调研。聚焦主管部门、行业协会、市场主体三个维度，采取强化监管责任、市场主体自律，培训考试协调联动、政社互动共治等多种手段，规范市场秩序，助推行业高质量发展。这一新的课题研究，具有很强的针对性和普遍的指导意义。四是补齐交通安全教育的短板，发挥驾培主阵地作用。针对当前社会交通参与者安全意识淡薄的问题，以西安华津、汉中大中型驾培学校、延安金凯顺为代表的多家驾校投入巨资，建立高标准的交通安全教育基地，让每个新驾驶人现场观摩

体验，并免费向中小学生开放，为提升全社会道路交通安全文明意识搭建平台。

图 1　中道协驾培分会调研组（以下简称“调研组”）与西安市机动车驾驶员培训管理中心领导和驾驶培训机构代表进行座谈交流

图 2　调研组与西安华津驾驶员培训有限公司各车型科目教学负责人代表进行座谈交流

图 3　调研组与宝鸡市道路运输服务中心、宝鸡市交警支队车管所领导及宝鸡市道路运输协会和驾驶培训机构代表进行座谈交流

图 4　调研组与延安市交通运输综合执法支队和延安市驾驶培训机构代表进行座谈交流

图 5　调研组对西安华津驾驶员培训有限公司、陕西金凯顺机动车驾驶员培训学校有限公司交通安全教育基地进行走访调研

第二篇　专题报告

第一章　政策建议

关于加快推进培训与考试联网对接共享共管的探讨与建议

马宏谊　王文清　王传伦　牛文江

摘　要

驾驶培训考试改革近六年，驾驶培训与考试联网对接工作进展缓慢，有的地区推而不动，有的省（区、市）下动上不动，有的对接又断开。主要原因是缺乏“全国一盘棋”的部署和行动。为此，建议加强高层互动，从部级层面搭建训考联网对接平台，加强检查督导，自上而下推进各省（区、市）训考联网对接进程，重构全国训考一体化监管“一张网”，实现培训信息一网通享、培训学时一网通管，筑起道路交通安全的坚强防线。

关键词

考试联网；监管；交通安全

2016年以来，公安部、交通运输部确定的培训考试改革举措逐步落实，取得阶段性成果。但是，培训考试联网工作进展迟缓，部门协同联动存在不少“堵点”“断点”，迫切需要从部级层面共同谋划，主动加力，加快训考联网对接，构建共享共管的新格局。

一、全国训考联网对接工作进展情况及存在问题

各级交通主管部门积极推动培训计时管理联网对接工作。经交通运输部通信信息中心具体协调运作，截至2020年4月，国家级和30个省级驾驶培训监管服务平台建设基本建成，实现了培训信息记录、传输、统计功能。其中，北京、辽宁、福建、海南、宁夏、重庆、江西、内蒙古、广东、黑龙江、河南、江苏、浙江、天津、甘肃、上海等16个省（区、市）的驾培监管服务平台与公安考试系统对接。然而公安交管部门凭培训学时受理考试的省（区、市）寥寥无几。总的看来，训考联网共享共管工作进展慢、不平衡、协调难、反复大。具体表现为“三难”：

1. 缺少互信，学时互认难协调

有的公安交管部门质疑培训学时信息造假，不予认可。还有的担心学时管理严格了，造成考试规费流失。一些交通主管部门可能认为考试部门不配合，缺乏独立自主监管学时的权威和能力。

2. 政令不一，按纲施训难落实

《中华人民共和国道路运输条例》第四十六条规定：“机动车驾驶员培训机构应当按照国务院交通主管部门规定的教学大纲进行培训，确保培训质量。”各级交通主管部门要求驾培机构按照大纲规定进行计时培训，并通过计时管理系统记录、上传、审核。然而，从2016年开始，公安交管部门推行机动车驾驶人考试自主预约改革。考生不培训或少培训，均可自主约考，驾培机构把不住，交通主管部门管不了。培训与考试管理部门之间政策不协调、监管信息不能有效交换衔接，严重影响了教学大纲落实。学车人虽然有了自主约考的便利，

同时也摆脱了培训过程的限制。许多学员理论学习只背题不上课，实际操作偏重适应考试的“对点培训”，完全忽略了安全文明驾驶意识和能力的养成，培训时长也难以满足新驾驶人形成安全行车良好习惯的最低保证。

3. 区域宽严不一，学时监管难持续

2018 年 10 月，某省完成训考对接、学时共管工作。但受周边地区学时监管宽松的影响，驾培机构生源和考试规费大量外流，坚持半年后不得不放松学时监管。内蒙古、江西、浙江等地的学时对接也遇到类似的困扰。这些教训启示我们，不同地区学时监管有严有宽，凸显“高地”与“洼地”之别。“高地”生源流向“洼地”，“高地”驾校招生、考试规费双降，“洼地”驾校招生、考试规费双升，守法者吃亏，违规者双赢，致使计时管理半途而废。不仅如此，管得松的地区凭借少练快考的优势吸引异地学员，往往价格翻倍，有的地区小车驾驶人考试达 1 万元以上，高价不培训获取驾驶证已成为公开的秘密，既增加了学车群众负担，又埋下了安全隐患。

上述“三难”严重制约了训考联网对接共管的进程，应当引起各级培训考试主管部门的足够重视，从大局上谋划，关键处“落子”，找准“结合部”，同心同向推进训考深度融合。

二、对策与建议

1. 加快全国监管服务“一张网”建设，为联网对接创造条件

学时监管不严格、不统一，甚至存在学时造假的现象，直接影响了“一张网”的公信力和建设进程。因此，建议坚持问题导向，做好顶层设计，强化过程监管，重构全国监管服务“一张网”，真正达到标准统一、整体推进、去伪存真、运转高效，实现培训信息一网通享，培训学时一网通管，培训服务一网通办。

为了使“一张网”切实起到学时监管作用，建议抓住一个关键，

解决五个突出问题，打出一套“组合拳”。一个关键是“谁来管”的问题。实行建、管分离，将网络技术支撑单位和应用管理单位分开。按照“谁主管谁监管”的原则，全国监管服务“一张网”应当由交通运输部运输服务司车辆处负责监管。建议部运输服务司发挥行业协会自治作用，委托中国道路运输协会做好相关工作。建议将交通主管部门监管平台与驾校计时应用系统设备供应商分开，警惕“裁判员”与“运动员”混为一体，预先种下弄虚作假的基因。在选择和使用培训计时设备的过程中，要认真吸取以往屡屡发生培训计时设备供应商与驾校串通造假的深刻教训，建立健全惩罚性赔偿和巨额罚款制度，推动伪造学时数据入刑，对违法造假者“利剑高悬”。“五个突出问题”：一是智慧监管，提升平台监管精准化水平，解决篡改、伪造学时数据的问题。将大数据、人工智能、云计算、区块链等技术应用于学时监管前沿，在线实现信息筛查、虚假信息识别拦截、取证存证、信用管理等多种功能，以科技手段治假求真。二是系统监管，纠正“单打一”的偏向，有效整合资源力量，实施线上线下相融合、人防技防相聚合、源头治理与专项治理相结合，完善全链条全周期治理体系，使学时监管“无处不在”。建议借鉴部分省市先进经验，将监管平台识假与行政执法打假有机结合起来，监管平台一旦发现学时作弊，立即锁车停止虚假信息上传，同时通知当地培训考试主管部门停训停考，并将学时造假的教练员打入“黑名单”。三是协同监管，解决区域学时监管差异化的问题。坚持“一把尺子”量到底，纵向贯通，横向联动，提升监管数据汇聚量和覆盖率。四是强力监管，以有为监管保障有效学时。治“市”先治吏。将问责作为全面打假治市的有力抓手，做到失责必问，问责必严，倒逼监管落实。五是“阳光监管”，防止暗箱操作。建立驾校培训能力、培训数量、培训学时信息“三公开”制度，充分保障驾校和学员的知情权、参与权、监督权，完善学时造假投诉举报机制，专群结合，群防群治，同频共振。

2. 从部级层面联网对接入手，加速推进培训与考试有效衔接

当前，道路交通安全形势依然严峻，驾培业在疫情冲击下复苏缓慢，体制性结构性矛盾凸显，培训与考试管理比任何时候都需要加强互联互通，形成监管合力，为人民群众提供高质量的驾培驾考服务，为社会输送高素质的驾驶人。先进省市训考联网共管的实践证明，培训学时信息共享共管，有利于提高培训质量和考试质量，实现道路交通安全源头把关。为摆脱省（区、市）层面联网协调难度较大的困境，建议加强高层互动，加大“统”的力度，推动部级联网对接与合作，自上而下推动各省（区、市）训、考联网。基本思路和目标是以提升驾驶人质量、保障安全发展为目标，以平等互信为基础，以联网对接为纽带，以共享共管为手段，强化培训基石和考试质检作用，打造部级主导、区域协同、规范统一、融合贯通的训考合作新格局。

（1）增进互信，奠定联网共享共管的思想基础。训考互联共管，遏制学时造假滋生蔓延，守住培训质量安全关口，是驾校和培训考试主管部门的共同目标。建议交通与公安两部门紧紧围绕这一共同目标，在合作中破解难题，在释疑解惑中提升互信。交通主管部门应强化学时监管，当好“守门人”角色，对学时信息真实性负全责；公安考试部门应打消“担责任”的顾虑，发挥“质检员”作用，积极配合把关。要去掉相互猜忌，拆除部门壁垒，改变推诿扯皮，打破信息孤岛，奏响互联互通、共享共管的时代强音，共筑道路交通安全的坚强防线。

（2）政策法规沟通衔接，为学时联网共享共管提供支撑。着重从三个方面沟通衔接：一是计时管理与自主约考衔接。建议交通运输部与公安部联合发文，将完成规定培训学时作为自主约考的必要条件。这样既能保障足时培训，又能体现考试便利。这并非违规设立考试前置，而是培训考试制度改革的政策要求。《国务院办公厅转发公安部交通运输部关于推进机动车驾驶人培训考试制度改革的通知》（国办发〔2015〕88 号）第十二条明确规定：“考生完成培训后可按规定自主选择考试时间和考试场地”。界定“完成培训”，不是学员的自我感觉，更不是“少练快考”的单纯应试培训，而是完成教学大纲规定的培训学时和内容。因此，学员自主约考的前提应当是经交通主管部门审核的有效学时信息。中华人民共和国公安部令第 162 号第五十九条第二款规定：“……公安机关交通管理部门发现驾驶培训机构及其教练员存在缩短培训学时、减少培训项目……应当通报培训主管部门，并向社会公布。”这一规定表明，公安机关交通管理部门在受理考试环节，对于驾驶人完成培训大纲规定学时，负有监督把关的责任。通过训考联网对接，实现培训学时信息共享共管，正是贯彻落实162号部令、监督学时落实的有效途径。二是培训教学大纲与考试大纲衔接。建议两部共同修订培训教学与考试大纲，立足于培养安全文明驾驶人，在考试科目内容设置上增加难度，倒逼培训大纲学时、内容落实。三是培训考试相关法规衔接。建议将培训考试改革政策上升到法规层次。在修订《中华人民共和国道路运输条例》时，建议将训考联网共享共管相关描述列入修订条款，从法规层面建立联合监管长效机制。

3. **建立互动合作机制，为联网共享共管护航**

面对培训与考试两家分管的体制性矛盾，迫切需要建立部级统筹、分工协作、沟通顺畅、齐抓共管的工作机制，构筑标准理念统一、资源信息共享、管理执法一体、协商保障有力的一体化监管框架。一是成立部级协调小组，建议由两部主管部门和中国道路运输协会驾培分会领导参加，负责训考联网对接、沟通、协调和保障工作。各省（区、市）也要建立相应的协调组织。二是建立联席会议制度，形成常态化的协商机制。建议定期协商联网共管中的矛盾分歧，凝聚共识，谋划方略，商讨解决方案。要注意商讨联合监管中的新情况、新问题。三是联合检查督导，推进各省（区、市）联网共管。建议联合督导发挥抓落实的“利器”作用，督任务、督进度、督成效，督责任，疏通“堵点”，连接“断点”，重塑上层统筹有力、中层快速响应、基层做实做强的运行体系，促进联网共享共管工作精准落地。四是加强跨部门跨区域执法联动。建议依托训考联网系统，确立联合执法清单、程序、规则，实现部门间、区域间培训主体信息互联、监管标准互通、处理结果互认。五是加强政社互动，充分发挥行业协会桥梁纽带作用，为训考合作牵线搭桥，促进协同共治。

深入开展大纲执行情况调研　夯实驾驶员素质教育工程基础

人民交通出版社股份有限公司　陕西省机动车驾驶员培训协会

摘　要

本文在前期开展走访调研工作的基础上，结合驾驶培训行业发展实际，分析了《机动车驾驶培训教学与考试大纲》（以下简称《大纲》）执行落实现状，从行业管理、驾驶培训机构落实主体责任、驾驶考试内容与组织方式、《大纲》本身等方面阐述了当前《大纲》落实过程中存在的主要问题，并以夯实驾驶培训素质教育基础为出发点，有针对性地提出一系列对策建议，以期为行业各方共同推动《大纲》落实，开展规范化教学，打破应试教育束缚，培养安全文明合格驾驶员提供工作思路。

关键词

机动车驾驶培训；大纲；调研；素质教育

2016年，交通运输部、公安部联合发布了《机动车驾驶培训教学与考试大纲》（交运发〔2016〕128号，以下简称《大纲》）。《大纲》实施5年来，其在保证培训质量、规范驾驶培训机构（以下简称“驾培机构”）教学行为、强化学员安全意识养成等方面起到了指导性作用。

随着科学技术发展以及人民群众学车需求日益多元化，许多新的教学工具、模式和技术逐渐应用在驾驶培训领域。为使驾驶培训服务适应经济社会发展的新要求，人民交通出版社股份有限公司在原有大纲编制修订成果的基础上，联合相关单位先后赴山东、内蒙古、江西、陕西等11个省（区、市）走访调研，采用实地调研、座谈、电话采访、网络问卷调查等形式，针对驾培行业管理人员、行业协会管理人员、驾培机构负责人、教练员和学员开展调研，了解《大纲》落实现状及落实过程中存在的主要问题，为《大纲》的进一步调整、完善、贯彻、落实提供思路。

一、《大纲》落实现状及存在的主要问题

近年来，全国驾培行业得到快速发展，截至2020年年底，全国共有机动车驾驶培训机构2.0万户，教学车辆79.4万辆。通过调研的情况来看，随着驾培行业服务大众学驾需求能力的增强，《大纲》在指导驾培机构开展教学方面起到了突出作用，但也有不少地区仍存在《大纲》落实不到位的问题，具体表现在：

1.行业管理方面存在的问题

（1）对《大纲》认识、宣传、落实不到位

通过调研发现，部分行业主管部门人员对《大纲》的法律地位认识不足，未能按照《中华人民共和国道路运输条例》突出《大纲》的法定地位，仍存在对《大纲》认识、宣传、落实不到位的情况。

（2）事中事后监管手段有待全面提升

按照党中央、国务院部署和要求，“放管服”改革扎实推进，驾培机构准入由许可制改为实行备案管理，进一步优化了营商环境。行

业主管部门不断健全驾驶培训监督机制，开展市场专项整治，保证驾培机构依法依规开展经营服务活动。但部分地区受制于系统建设、学时对接等因素，缺乏有效的事中事后监管手段，驾驶培训监管服务平台尚未实现全国联网，部分地方驾培监管服务平台与公安考试系统未能联网对接，“学时”不是约考的前置条件，《大纲》难以全面落实。各地开展驾培机构和教练员质量信誉考核情况差异较大，考核结果运用不足。

（3）行业执法缺乏法律法规支撑

缩减学时、学时造假、计时系统弄虚作假等违规培训现象仍时有发生，但行业管理部门对驾培机构违规培训的处罚缺乏操作性强的法律支撑。教练员从业资格取消后，管理部门对教练员的监管失去抓手，教练员从业门槛降低，职业技能水平评价无法发挥有效激励作用。

2. 驾培机构主体责任落实方面存在的问题

（1）注重经济效益，社会责任感欠缺

驾驶培训行业在国民规模化、系统化交通安全文明教育中具有支撑性作用，不少规模化驾培机构示范先行，提供全流程标准化教学服务，部分中小微驾培机构发挥机制灵活优势，探索新业态新模式新路径。然而仍有部分驾培机构经营者过度注重经济效益，过于看重招生数、合格率等表面指标，使《大纲》流于形式，忽视了素质教育及驾培机构应有的社会责任。

（2）注重应试教学，未能全面按纲施训

调研中发现，目前培训的应试导向较为突出，部分驾培机构理论部分以刷题为主，实操培训大部分时间用于场地驾驶“找点”训练，完全应试且挤占道路驾驶训练学时。部分市场竞争激烈的地区，驾培机构为争夺生源采取不正当竞争，随意缩减培训内容、压缩培训学时，难以保证培训质量。

（3）忽视理论培训，侧重实操训练

除部分地区实行理论集中培训外，大部分驾培机构理论培训安排学员刷题或应用质量参差不齐的远程网络教学，6学时的课堂教学流于形式。驾培机构普遍缺乏专业的理论教学师资，即使开设理论培训课程，也以讲授考题为主。大部分驾培机构学员在手机上下载备考类APP，只练习公安部门考试的理论试题，背离了教学大纲素质教育的初衷。

（4）教练员失于管理，整体素质不高

教练员从业资格取消后，驾培机构作为教练员的管理主体，普遍未建立涵盖教练员聘用、教学管理、素质提升、退出的管理机制，缺乏对教练员的有效管理，严重影响培训教学质量与服务质量，制约《大纲》的贯彻落实。

3. 考试方面对《大纲》落实的影响

（1）培考衔接对《大纲》落实的影响

驾培驾考改革后，公安交管部门实施一系列新举措，为人民群众申领驾照和考试提供了便利。然而，在交通运输部门与公安交管部门之间未建立学时对接的地区，公安交管部门在受理学员约考时，并不对学员的培训学时进行审核，同时交通主管部门对于培训环节的学时监管手段失灵，均不利于《大纲》学时要求的落实。

（2）考试内容和方法对《大纲》落实的影响

目前受实际条件所限，考试内容和方法难以全面体现培训内容，与《大纲》加强理论知识培训和实际道路驾驶训练的素质教育初衷并不完全契合，导致理论培训侧重刷题库机械记忆，驾培机构将培训重点放在科目二场地项目应试训练上，道路驾驶训练学时和里程不足。

4.《大纲》本身需要完善的方面

调研中了解到，行业管理人员、驾培机构人员、学员普遍认为现行《大纲》结构科学、合理，内容翔实、系统、全面，符合教学的客观规律，对推进素质教育、规范机动车驾驶员培训教学、提高驾培机构培训质量、增强学员的安全意识起到了指导性作用。

但目前大纲也存在应急处置培训内容、货物运输相关知识、新技术应用、具体学时规定等方面的不足，需要进一步完善。

二、推动《大纲》落实的工作思路和建议

进入驾培机构学习驾驶是大部分人系统学习和掌握道路交通安全知识和驾驶知识的主要途径。驾驶员驾驶技能和安全意识的形成有其特有的规律，《大纲》的制定和修订做了充分考量，旨在合理引导驾培机构规范教学行为，强化学员的安全意识养成，使其在通过考试的同时，培养正确的道路交通安全意识，并能在复杂的道路交通环境中安全行车。为此，需要行业各方共同推动《大纲》落实。

1. 多措并举，加强培训监管力度

（1）进一步明确《大纲》“法定地位”，加大宣传力度

要在相关法律法规中进一步明确依纲施教的要求，加大《大纲》的宣传力度，提高行业各方乃至全社会对贯彻落实《大纲》重要性的认识，使驾培机构负责人、教练员自觉树立为社会培养合格驾驶员的培训办学目标，使学员树立安全第一、生命至上的学驾理念。

（2）进一步完善法规标准体系，强化事中事后监管

一是完善法律法规标准体系。修订《中华人民共和国道路运输条例》《机动车驾驶员培训管理规定》，完善行业相关管理及处罚规定。二是加强培训过程常态化监管。督促驾培机构全面使用计时培训平台严格管理培训学时，运用先进科技技术，保证各项采集信息的真实性和有效性。三是通过全国“一张网”提升监管效能。建立全国统一的驾培行业管理及公共服务信息化体系，实现全国驾培机构的培训数据信息传输、储存、监管、服务一体化。四是加强信用管理。建立全国统一的驾培机构和教练员诚信考核体系、黑红名单制度和退出机制，加强信用结果运用，规范驾培机构经营行为和教练员从业行为。五是维护行业秩序。加强行业引导和监管，充分发挥行业协会作用，加强行业自律，抵制恶性竞争。

（3）进一步研究制定规范化教学标准，保障教学质量

加强对驾驶员行驶规律与教学规律的基础性研究，结合《大纲》开展教学标准化研究，制定规范化教学的细化标准，并将研究成果应用于提升驾驶培训规范化水平，指导教练员进行规范化教学，严格落实《大纲》，保障教学质量。

2. 强化担当，严格落实培训机构主体责任

（1）主动担责，转变经营理念

驾培机构经营者及负责人应意识到，驾培机构不仅是企业实体，更是教育机构，具有教育和服务双重属性。驾培机构要转变经营理念，主动承担相应的社会责任，强化安全意识教育，为社会培养既合法又合格的驾驶员。

（2）加强交流，提升职业素质

引导借助行业协会等第三方机构搭建驾培经营者素质提升平台，鼓励驾培机构经营者、负责人和教学负责人等积极参加各类学习交流活动，提升自身职业素质和企业经营管理能力，推动企业高质量发展。

（3）落实《大纲》，提升培训质量

驾培机构要聚焦落实《大纲》教学内容，帮助学员彻底摒弃先拿驾驶证，技术以后慢慢去学的“重考试，轻培训”的错误想法，树立尊重和珍爱生命、安全文明驾驶的理念。

科学制定教学计划，规范教练员教学行为，以严格落实《大纲》规定的内容和学时要求为出发点，如实填写《教学日志》和《培训记录》，规范组织结业考核和结业证发放。

推动利用网络直播、模拟培训、安全体验、智能驾驶培训辅助装置等新技术创新培训方式，研究教学组织形式、培训方式、教学方法及相关保障措施，按纲施训，全面提升培训质量和培训效率。

（4）把好首关，加强教练员管理

驾培机构要重视教练员的选用，重视对新教练员的入职培训，定期对教练员进行继续教育和职业道德教育，提高教练员的职业素养；组织教学负责人和教练员对标《大纲》，开展经常性教研交流活动、

教学竞赛、技能比武等活动，不断提高教练员的教学能力和教学水平。

3. 协同共治，推动提升培考衔接的治理效能

（1）加强沟通，努力实现“人民满意的驾驶培训考试”新格局

建议从部级层面，建立联席会议机制，加强与公安考试部门的有效沟通，继续联合发布《机动车驾驶培训教学与考试大纲》，进一步推动驾驶考试方式方法优化与创新，突出对驾驶人安全意识和实际道路驾驶技能的考试导向，确保培训和考试体系统一有效，共同推进驾驶培训质量提升，不断提高人民群众安全感、获得感。

（2）规范发展，推动驾驶培训与考试信息共享新模式

根据《国务院办公厅转发公安部交通运输部关于推进机动车驾驶人培训考试制度改革意见的通知》（国办发〔2015〕88号）和《全国安全生产专项整治三年行动计划》（安委〔2020〕3号）要求，推动全国范围内驾驶培训监管平台与公安考试系统的联网对接工作，加强驾驶培训过程监管，确保培训与考试有效衔接，创建稳定顺畅、齐抓共管的信息共享机制。

4. 与时俱进，优化完善《大纲》相关要求

为了更好地提高驾驶培训质量，及时对《教学大纲》及配套教学工具进行修订和完善，适应行业发展需要。通过科学研究，在保证基本学时的前提下，补充事故防范、应急处置、道路货物运输、新能源汽车等方面内容，优化学时安排，提高教学灵活性，完善教学安排，为行业规范发展提供助力。

《大纲》是指导机动车驾驶培训的重要技术性文件，是驾驶培训机构组织实施教学的重要参考和依据，是提升培训质量的有效抓手。在行业面临发展瓶颈、需要提质增效的时刻，行业各方更应该坚守素质教育初心，打破应试教学束缚，贯彻落实好《大纲》，开展规范化教学，真正培养出安全文明的合格驾驶员，持续推动机动车驾驶培训行业高质量发展，不断促进我国道路交通安全形势根本好转。

人民交通出版传媒管理有限公司（原人民交通出版社）成立于1952年，为交通运输部直属的国家一级出版社、教育部教材出版基地、全国百佳图书出版单位，2014年4月16日，由人民交通出版社作为主发起人成立人民交通出版社股份有限公司。人民交通出版社股份有限公司一直承担着对交通运输部运输服务司和公安部交通管理局有关机动车驾驶培训与考试、道路交通安全宣传等方面的服务工作，多次参与了相关政策法规的制订工作。通过多年努力，已在行业树立了颇具认可的品牌影响力，具有自主知识产权的《安全驾驶从这里开始》系列教材，已使数千万机动车驾驶人在素质教育的理念中受益，并荣获“第一届科普作家协会优秀科普作品奖（图书类）优秀奖”。

陕西省机动车驾驶员培训协会成立于2019年1月25日，是全省机动车驾驶员培训学校及与机动车驾驶员培训相关的企事业单位和个人自愿参加组成的行业组织，是具有法人资格的，不受部门、地区和所有制限制的非营利性社会团体。

关于延长驾校教练车报废年限的调查报告

孟兴凯　李　洁

摘　要

驾校教练车主要用于场地和短途道路驾驶，磨损少。因产能过剩，教练车利用率仅为40%。调查显示，达到报废年限的教练车行驶里程往往达不到报废里程，安全技术检测通过率达到97%。为此，建议国家有关主管部门在修订《机动车强制报废标准规定》时，适度延长教练车报废年限，减少资源浪费，节约培训成本，直达纾困惠企。

关键词

教练车；驾驶培训

2012 年 12 月，商务部联合国家发展和改革委员会、公安部、环境保护部印发了《机动车强制报废标准规定》（商务部、发改委、公安部、环境保护部令 2012 年第 12 号），自 2013 年 5 月 1 日起实施。《机动车强制报废标准规定》明确规定，我国驾校教练车使用的报废年限和报废里程。其中，小型教练载客汽车使用年限为 10 年，中型教练载客汽车使用年限为 12 年，大型教练载客汽车使用年限为 15 年，载货教练车（包括半挂牵引车和全挂牵引车）使用年限为 15 年；小型和中型教练载客汽车、微型载货教练车的报废行驶里程为 50 万千米，大型教练载客汽车以及中、轻型载货教练车的报废行驶里程为 60 万千米，重型载货汽车（包括半挂牵引车和全挂牵引车）的报废行驶里程为 70 万千米。这对于确保我国驾校教练车的车辆技术性能，保障机动车驾驶培训的安全起到了重要作用。

一、存在问题

随着我国科学技术的进步和车辆技术的革新，《机动车强制报废标准规定》明确的驾校教练车报废年限和报废里程已不适应当前车辆技术发展和教练车的使用要求。教练车达到规定的报废年限和报废里程后，其技术性能依旧完好，车辆报废后造成不必要的资源浪费和驾校运营成本增加。基于此，中国道路运输协会驾培分会对全国 19 个省（区、市）的教练车使用现状进行了调研，研究分析表明：

（1）达到报废年限后，教练车的行驶里程往往达不到报废里程，车辆技术性能较好。据对全国 297 家驾校调研结果显示，当前我国驾校小型教练载客汽车的年平均最大培训人数约为 100 人，而培训完一名小型载客汽车驾驶员的平均行驶里程约 360 公里，则小型教练载客汽车在满负荷运行状态下，一年的行驶里程仅为 3.6 万公里，达到报废年限时的行驶里程约为 36 万公里，仅为报废里程值的 72%。以此类推，中型教练载客汽车达到报废年限时的行驶里程约为 37 万公里，仅为报废里程值的 74%；大型教练载客汽车和大型载货教练车达到报废年限时的行驶里程均为48万公里左右，分别为报废里程值的80%和68%。由此可知，教练车达到报废年限时，行驶里程远远达不到规定的报废里程值，车辆技术性能较好。加之当前车辆技术的进步以及学驾人员数量的萎缩，教练车达到报废年限后，其行驶里程与报废里程值之间的差距会进一步拉大。

（2）达到报废年限后，约97%的车辆能通过车辆安全技术检验。导致这种结果的原因主要有三方面：一是教练车仅在驾校的训练场地和公安指定的固定线路行驶，车辆行驶训练区域和行驶线路固定，车辆磨损少；二是驾校针对教练车制定实施了健全的车辆维护管理制度，对教练车的日常维护、一级维护和二级维护到位，尤其是对易损件维护和更换及时，保障了良好的车辆技术性能；三是当前我国学驾人员多为18周岁的适龄人群，生源不饱和，致使教练车的使用率不高，年均使用天数约为40%左右，致使车辆磨损少，性能好。

二、相关建议

新冠肺炎疫情冲击持续推动驾培市场下行，全国多地驾校招生量下降30%~50%，资金压力加大，行业亏损面达到80%以上，迫切需要政策纾困惠企，而近两年教练车进入报废高峰期，驾校更新车辆资金严重匮乏。为减轻驾培企业负担，减少车辆报废后造成不必要的资源浪费，特提出以下建议：

（1）建议将小型教练载客汽车使用年限从10年延长至14年、中型教练载客汽车使用年限从12年延长至16年、大型教练载客汽车和载货教练车使用年限从15年延长至18年。这样延长教练车报废年限后，一是能使《机动车强制报废规定》中明确的报废年限与报废行驶里程刚好匹配，如小型教练载客汽车使用年限为14年，达到报废年限时，其行驶里程约为50万公里，刚好与报废行驶里程值50万公里相匹配；二是教练车达到延长的报废年限时，车辆构成的各个系统和零部件刚好恶化，不能继续维持良好的车辆技术性能。据初步预测，此时 75% 左右的教练车将不能通过车辆安全技术检验。

（2）建议教练车达到报废年限后，若能通过检验检测机构的安全技术性能、环保性能和综合性能的检测，仍可以继续使用其进行培训教学。这样可以使教练车在满足安全、环保和营运等条件的前提下继续使用，从而降低驾校运营成本，最大限度减少资源浪费，构建资源节约型社会。

第二章　行业走势

机动车驾驶培训行业发展趋势刍议

闫文辉　刘　硕

摘　要

简要回顾了我国机动车驾驶培训行业的发展历程，阐述驾培行业之于道路交通安全的重要性，论述行业对塑造我国汽车文明将起到愈发重要的作用；从顶层设计角度分析行业中远期发展方向及目标，研判行业发展趋势；通过对行业发展趋势判断，就全国驾培信息“一张网”的重要性、突破学时管理的局限性、机动车驾驶人考试的改革方向以及塑造驾培行业舆论氛围等四个角度进行阐述。

关键词

驾培；顶层设计；学时

一、机动车驾驶培训行业的“道”（行业发展历程与抽象的道义）

1. 驾培行业发展的“道路”

（1）驾培行业发展的大背景、大环境

根据公安部交通管理局统计，截至2021年底，全国机动车保有量达3.95亿辆，其中汽车3.02亿辆；机动车驾驶人达4.81亿人，其中汽车驾驶人4.44亿人；2021年全国新注册登记机动车保有量3674万辆，新领证驾驶人2750万人。驾驶人、车数量井喷式的增长从另一角度说明我国正在“跑步”跨入汽车社会。自1956年新中国自主生产的第一辆解放牌汽车下线标志我国汽车工业正式开端，至1978年，全国汽车数量仅有120万辆，驾驶人180万人。改革开放以来，随着社会效率的提升、经济的高速发展以及生活水平的提高，老百姓对汽车的消费需求迅速释放，汽车及驾驶人增长明显。

图1　2015—2020年全国机动车及汽车保有量情况

来源：公安部交通管理局

驾驶人更是“排浪式”增长，2003年底，全国机动车驾驶人数量达到了1亿人，实现第一个“1亿”用了整整54年的时间。截至2010年底，驾驶人数量达到了2亿，年均增长超过千万，实现第二个“1亿”只用了7年的时间。2014年底，驾驶人突破了3亿，位居世界第一，年均增长超过两千五百万人，实现第三个“1 亿”仅用了短短 4 年时间。2018 年 9 月底，驾驶人超过 4 亿，年均增长超过 2500 万人，实现第四个“1 亿”用了不到 4 年的时间。可以预见的是，我国机动车驾驶人数量突破 5 亿已近在眼前。

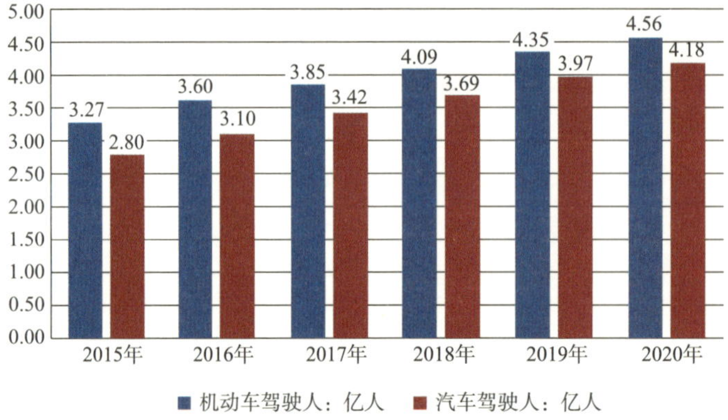

图 2　2015—2020 年全国机动车及汽车驾驶人情况

来源：公安部交通管理局

机动车驾驶人数量的不断攀升，特别是汽车驾驶人的占比越来越大，使驾车出行逐渐成为道路交通常态。群众机动化出行方式经历了从小型化到大型化、从摩托车到汽车的转变。根据公安部交通管理局统计，2011 年底，全国汽车保有量为 1.05 亿辆，摩托车保有量为 1.02 亿辆，分别占全国机动车总量的 47.06%、45.64%，汽车占机动车的比例首次超过摩托车，逐步取代摩托车成为交通出行的主体，交通出行结构发生了根本性变化。

出行结构根本性的变化反映了驾驶人社会属性的深刻变化以及培训方式的跨越式变革。随着我国汽车化进程不断加快，群众学车考证需求迅猛增加，驾驶者社会属性从“职业化”驾驶员向“大众化”驾驶人转变，即从“单位人”向“社会人”转变，从“运输职业”向“生活技能”再向“基本生活技能”转变。改革开放前，汽车驾驶员大多是国营运输企业职工，主要采用“以师带徒”，“以运代训”等方式进行，“师傅带徒弟”的方式传授驾驶技能能够满足当时驾驶员培训的需要。改革开放后，随着私人汽车迅速增加，学习和掌握汽车驾驶技术从最初求职和谋生的需要，逐渐转变为人们生活的基本技能。2004 年 5 月 1 日实施的《中华人民共和国道路交通安全法》将已废止的《道路交通管理条例》中的“驾驶员”称谓调整为“驾驶人”也可以折射出其社会角色的深刻变化。

（2）驾培行业发展趋势预测

随着驾驶人向非职业化过渡，社会公众培训考证需求剧增，传统的职业化培训模式逐渐暴露出不系统、不专业、效率低等与发展不相适应的问题。在此背景之下，社会化培训机构应运而生，机动车驾驶培训行业逐步形成，驾驶人培养模式实现由“跟班学徒”向“专业培训”转变。有学驾需求的人通过专业的驾培机构学习驾驶技能也成了社会的基本共识。进入 21 世纪以来，驾培行业伴随着我国机动化的进程也进入了发展黄金期，可以开玩笑地说“躺着也能赚到钱”，在满足社会发展和学驾需求方面扮演了十分重要的角色。直至 2016 年，在政策、驾培市场竞争环境以及适龄学驾人群减少等多方面因素影响下，驾培行业的高速发展按下了“减速键”。首先，在政策方面，2015 年，为解决机动车驾驶培训考试工作存在的不便利、不规范、不经济等问题，进一步适应我国经济社会发展和人民群众迅速增长的驾驶培训和考试需求，国务院办公厅转发公安部交通运输部《关于推进机动车驾驶人培训考试制度改革意见的通知》（国办发〔2015〕88 号）正式发布，但部分政策执行的口径不统一给行业从业者带来了一定的困惑。其次，市场环境方面，自 2016 年始，伴随学驾人数增速明显放缓和驾培机构数量的不断增加，行业规模效应递减，以往驾驶培训服务相对于学驾群体是稀缺资源，在交易的过程中占有更大的议价空间，具备一定的定价权，学员则只能被动接受。而随着供需关系逆转，学员变为了“稀缺资源”，可以有更多驾校选择，具备了“压价”权，驾培机构低价竞争、恶性竞争的市场环境逐渐形成，驾培机构陷入“内卷”，培训质量难以保证，偷漏学时现象越发严重。截至 2020 年底，全国共有驾驶培训机构 2 万户，教练员 87.2 万人，教练车 79.4 万辆，供给大于需求 3 倍以上；第三，“互联网 +”概念发展方面，从这一年开始，“互联网 + 驾校”模式出现，互联网行业的轻资产、高额补贴、移动端的便捷性、高效的信息流动性给传统的驾培行业带来了巨大挑战。面对政策的不适应、市场环境研判的不足以及新业态的冲击，导致行业高速发展期一直“回避”的问题逐渐显现，充分体现了行业的发展惯性以及对市场下行准备不足的问题，行业的发展进入了调整期。

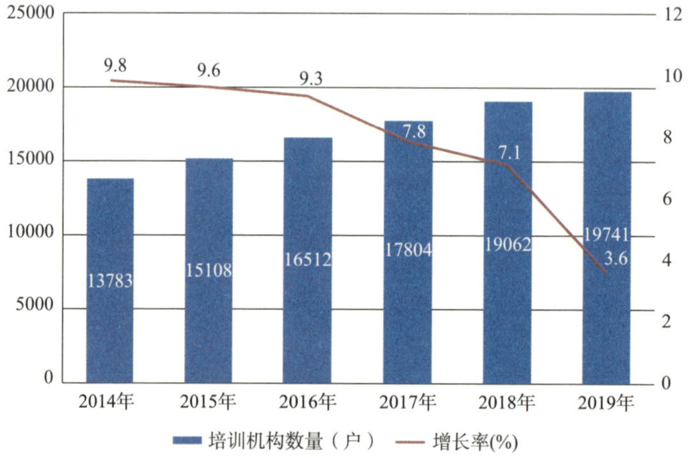

图 3　2014—2019 年驾培机构数量及增长率

来源：交通运输部

结合我国近些年驾驶人增长规律、学车适龄人口数量以及供给侧饱和度，可以判断驾培行业将近 20 年的高速发展黄金期已经过去，但未来十年依然会有每年超过 2000 万人的增长。截至 2021 年 6 月，我国驾驶证渗透率约为 34%，与美国（约 69%，2017）、英国（约 68%，2017）、德国（约 68%，2017）、韩国（约 60%，2017）、日本（约 65%，2017）相比，仍有 4 至 5 亿人的培训需求以及超过二十年的发展空间才能达到以上国家 2017 年的水平，接下来行业将进入到“调整适应、转型发展、守正创新”的“白银期”，供求关系将逐步平衡。

图 4　2015—2020 年全国机动车驾驶人数量及新增人数

来源：公安部交通管理局

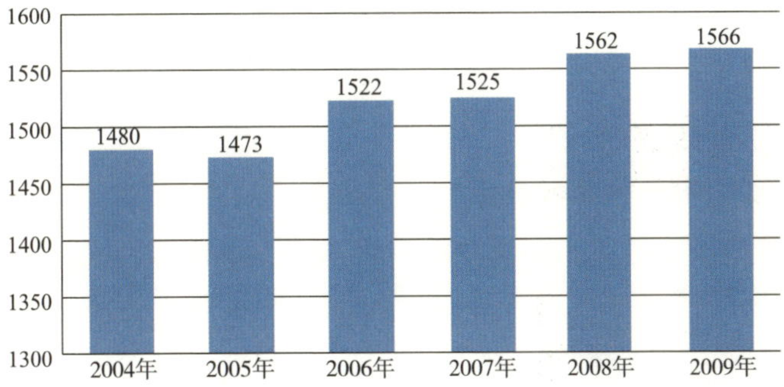

图 5　2004—2009 年出生人口（即 2022—2027 年新增学车适龄人口数量　单位：万）

来源：国家统计局第六次人口普查数据

2. 驾培行业发展的“道义”

（1）政策法规的导向

2021 年 4 月 29 日，修改后的《中华人民共和国道路交通安全法》正式实施，其中第二十条规定如下。

“机动车的驾驶培训实行社会化，由交通主管部门对驾驶培训学校、驾驶培训班实行备案管理，其中专门的拖拉机驾驶培训学校、驾驶培训班由农业（农业机械）主管部门实行资格管理。

驾驶培训学校、驾驶培训班应当严格按照国家有关规定，对学员进行道路交通安全法律、法规、驾驶技能的培训，确保培训质量。

任何国家机关以及驾驶培训和考试主管部门不得举办或者参与举办驾驶培训学校、驾驶培训班。”

驾培行业明确准入条件由许可改备案后，进一步放开了事前审批，“许可”不再是“宝贝”，一方面挂靠教练之于驾培机构的“话语权”将更大；另一方面资本加持下的所谓的“互联网驾校”将更具侵略性，如果驾培机构负责人“乱投医”，则此类互联网平台非常有可能演变成带有行业垄断性色彩的平台。同时，此类互联网平台大搞“应试”培训，既不履行驾培行业的社会职责，在具备一定“话语权”后还极有可能变成对驾培机构和学员“两头吃”，对驾培机构自主权、对学员消费者权益、对行业健康有序发展、对社会和谐稳定均构成极大风险。

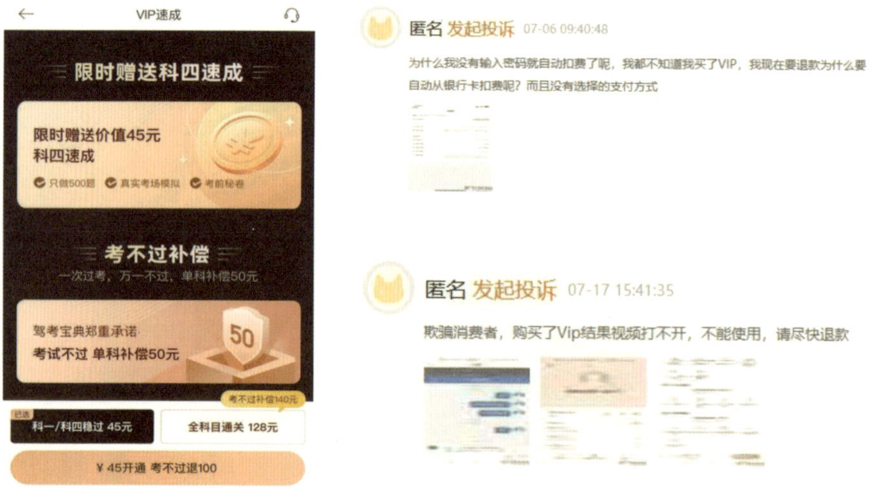

图 6　某互联网 app 涉嫌虚假宣传及相关投诉

我们驾培行业应当深入思考：当政策逐步放开了口子、驾培机构所提供的服务愈加同质化、学员希望学习安全驾驶知识而非应试的意识逐渐觉醒时，在国家对于创建安全交通环境的意愿更加迫切、社会对于享受文明交通氛围更加期待的背景下，行业该拿什么向国家展示自身价值？拿什么为社会创造价值？拿什么给学驾人员提供附加值？

笔者认为，驾培行业要勇于自我变革，从构筑我国道路交通文化、提升我国道路交通安全水平的角度主动承担更加重要的社会责任。

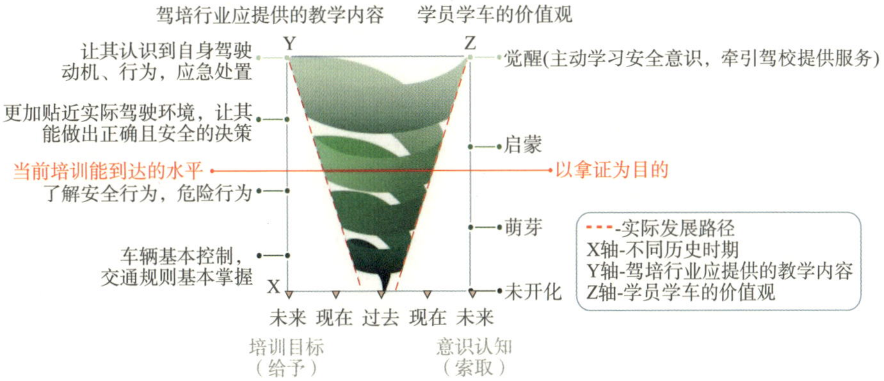

图 7 教学内容与学员学车意识螺旋式上升路径

（2）驾培行业应坚守的初心

汽车社会滚滚而来，我们用了短短十几年时间走完了发达国家半个多世纪的汽车保有量增长进程。但是与快速发展的公路里程和机动车保有量等“硬实力”相比，我国汽车文明“软文化”的积淀和养成尚不匹配，交通参与者特别是驾驶人的交通违法行为和交通陋习较为普遍。每年发生的交通违法数以亿计，未按规定让行、超速、超载、超员、疲劳驾驶、酒后驾驶和闯红灯等严重交通违法行为依然大量存在。根据事故统计，造成死亡的道路交通事故中，90% 以上是因驾驶人的交通违法行为所导致的。

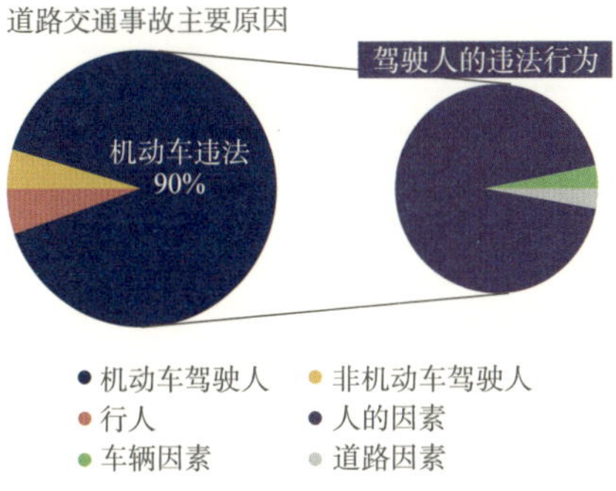

图 8 道路交通事故主要原因

近十年，全国每年大约有6万人死于道路交通事故，20多万人在事故中受伤，数十万家庭饱受亲人离世之痛。我国交通事故发生率和致死率偏高，远远高于发达国家，道路交通安全形势依然十分严峻。从这个意义上讲，我们虽然在数量上达到了汽车社会的标准，但在质量上与成熟的汽车社会还有很大的差距，全社会道路交通的守法、安全、文明、规则意识亟待加强。而驾培机构作为学员最沉浸、专一、直接、系统地接受道路交通安全知识和驾驶技能培养的基地，其每年向社会输送的2000多万名新驾驶人将是未来构建道路交通文化的重要一环。

图9　道路交通安全相关因素与社会、经济活动稳定的关系

道路交通安全是社会和谐发展的重要基础之一，可以总结为两个三角对立的关系。底边是支撑道路交通安全的一系列要素，即人、车、路、环境、管理等，底边越长，上半部分的汽车社会更加和谐，可实现的社会活动越多，经济发展更活跃。而能够更好地实现这一目标的前提是中间点越低越好，这样上半部分投射和释放出来的潜力就越大，这个中间点代表的就是违法率、事故率、死亡率。机动车驾驶培训行业是夯实底边重要的组成部分，也是系统培养新驾驶人的最好场所，从驾驶培训的社会本职出发，每培养一名合法合格的驾驶人都将为降低我国交通违法、事故和死亡率作出贡献，为汽车文明的形成筑牢基础。

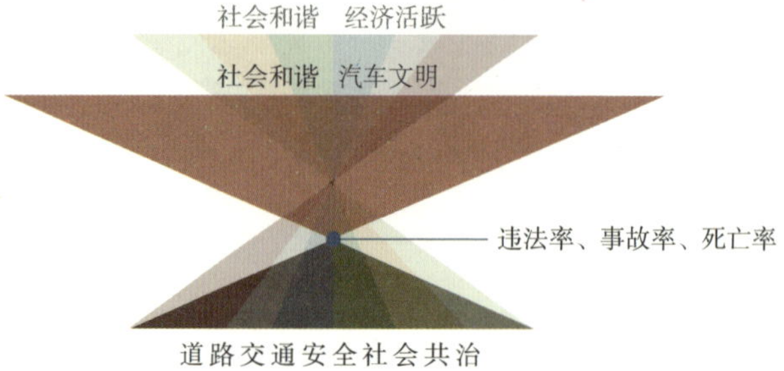

图10　违法、事故、死亡率对构建和谐社会、汽车文明的影响

诚然，驾培行业应不断树立、打磨和完善价值观，承担更多社会责任，但现实中也面临着大量亟待解决的问题，我国机动车驾驶培训行业运行中出现的制度性、部门协调性及技术性等问题，有待结合行业发展具体实际，从信息化建设、数字化转型、素质教育提升、社会舆论营造等角度进行探讨。

二、机动车驾驶培训行业的“术”

1. 实现全国驾培信息“一张网”，政策制度落实才能“一盘棋”

（1）全国“一张网”存在的主要问题

自国办发〔2015〕88号文件发布以来，全国驾培信息还未实现“一张网”，间接导致与公安部门进行训考联网对接的进展十分缓慢。究其根本，一方面在于全国驾驶培训监管系统建设标准不统一，部分省份单打独斗，导致此项政策的执行难以落地，纵向管理链条未一贯到底，管理效力过于分散。另一方面，由于交通主管部门缺乏对驾培行业强有力的管理手段、措施及力度，导致公安交通管理部门对“学时对接”产生抵触心理，不想“替”交通主管部门承担管理责任。

（2）公安部交管局信息化建设过程

建设统一的信息系统如此重要，从公安交通管理综合应用平台的建设和应用能窥见一二。1998年，公安部为打击走私车等违法犯罪，建设启用了全国进口机动车计算机核查系统，堵住了走私车非法入户的漏洞，迈出了全国统一道路交通管理信息系统建设和应用的第一步。进口车核查系统的成功应用，凸显了信息化在解决业务难点问题上的重要性，随后公安部通过中央和地方共建的模式，克服经费短缺、数据结构不统一、网络资源紧张、技术人才匮乏等诸多实际困难，于2000年建成了全国机动车和驾驶人信息查询系统，首次统一了机动车和驾驶人数据标准，建设完成部、省（区、市）、市三级系统网络平台，实现了全国范围内的机动车和驾驶人信息查询，初步构建了交通管理信息系统的基础框架。2004年，随着《机动车驾驶证申领和使用规定》（公安部令第71号）、《机动车登记规定》（公安部令第72号）的实施，公安部针对各地信息化系统建设互不协同、容易形成“信息孤岛”的情况，建成了全国统一的机动车登记和驾驶人管理系统，将以往分散运行的业务系统集成，确保了管理的统一性和一致性。2007年，为了实现车管主要业务指标信息的实时统计，强化对异常业务的监管，彻底堵住个别车管所、少数民警违规办理业务的违法违纪问题，公安部交通管理局组织研发了机动车和驾驶证业务统计监管系统，查处违规核发和买卖驾驶证、违规考试、违规年检等行为，维护了交警队伍的整体形象。2010年，公安部交通管理局以当时的公安交通管理信息系统为基础，融合机动车登记、驾驶证管理、交通违法处理、交通事故处理、交警信息平台等，对数据资源、业务流程、软件功能、信息服务、标准规范体系等进行了全面整合，建立了全国统一的公安交通管理综合应用平台，于2011年全国推广并沿用至今。

纵观公安部交管局的信息化建设历程，经历了“从无到有、从分散到集约、从粗放到细致”的过程，克服了人、财、物等诸多问题，逐步形成了今日高效、规范、便民的平台，真正做到了让信息多跑路，验证了“信息化并不是直接的生产力，而是先进的服务力和优化力”，近年来的各项机动车和驾驶人“放管服”措施，如异地考试、一证通考等惠民政策都是以信息化为基础实现的创新，对内实现了业务的横向集成、纵向贯通、全面共享；对外实现了服务效率和质量的提升，让社会和群众切身感受到了信息化建设的成果和效益，可以说没有强大的信息系统支持，不强力推进信息化，就不可能构建如今适应新形势新需求的规范化管理服务体系。

（3）全国“一张网”能带来什么

对比来看，我们全国驾培信息系统在建设过程中也存在公安交通管理信息系统过往遇到的类似问题，相信经过交通主管部门政策的不断完善，全国驾培信息“一张网”也将逐步实现。只有将“一张网”的信息化基础打牢，才有不断创新实践的空间，否则，信息化标准的不统一必将使跨域管理割裂。实现“一张网”将确保全国驾培信息管理的统一性和一致性，利用信息系统的标准规范优势，按规定全面分解办理各项驾培业务的权限，对驾培行业管理各类业务进行标准化、规范化管理，并实现业务岗位的相互监督和制约，强化对异常业务的监管，堵住管理漏洞，减少“人治”带来的弹性空间，依靠信息化管理理顺和打通交通运输部门“纵向”管理链条，完成自上而下的“一把尺子量到底”。同时，业务的标准化、规范化，会进一步打通各省之间的横向信息“壁垒”，确保培训信息的互认，保证全国驾培管理“一盘棋”。全国驾培信息实现“一张网”也能够展现交通部门贯彻加强培训质量监管、推动严格执行教学大纲、落实培训内容和学时的决心，这将有利于两部委从顶层设计层面形成联动机制，畅通与考试系统的联网对接，实现培训与考试信息共享，形成管理合力。

2. 打破“学时管理”的局限性，真正让“智慧”赋能驾培

（1）为什么会有“学时造假”

当前一段时期，针对驾驶技能培训的学时管理是最优的管理手段，同时也是无奈之举。一方面学时≠素质教育，单一维度、静态的学时管理既不合理也容易造假，执着于对培训时长监管只是表面管理，学时多寡不等于素质教育，驾驶培训应做到“因材施教”，同时还要关注“教什么”。另一方面考试“指挥棒”的作用。结合走访调研情况和培训数据分析发现，在现行的驾驶技能（科目二＋科目三道路驾驶技能）考试标准下，仅从应试角度来说，平均培训学时在28~32学时（70%~80%）即可通过考试，剩余20%~30%的时间属于巩固练习，对于技能提升的帮助甚小。

以此为基础，从“逐利”的角度就可以分析“学时造假”的生存土壤：首先，驾培机构（挂靠教练）为了提高学员周转率，剩余20%~30%的训练时间采用“以考代训”的方式或“补学时”的方式暗示学员可以造假，将一定的培训成本转嫁给学员；其次，一部分学员对学车的认知仍是以能够尽快通过考试拿证为主，多学一个学时就产生时间成本，在得到教练给出的可以通过考试的信号后，不愿意再多花2—3天的时间训练，但为“满足”全学时要求，就默认同意学时造假；第三，部分不良计时设备厂商一边卖计时设备，一边卖“跑马机”赚钱，学时造假是其盈利的主要方式。在以上三种因素的共同促使下，就出现了“停车刷学时、后排刷学时”等造假的情况。近几年，“减学时”的声音不绝于耳，实际上就是把“学时造假”合法化，把成本省出来，这种完全应试的思维不利于行业长远的发展，没有学时要求，何来利润？不提供素质教育，何具社会价值？如果仅仅是应试培训，那么驾培行业将仅停留在“帮助学员通过考试”这一单一社会职能。我们不能否认驾培行业在这段历史时期里扮演的重要角色，满足了我国经济社会发展阶段的关键需求，但从中长期来看，驾培行业应承担更多的社会职能才能在社会职能分工中发挥应有的、甚至更大的价值，如果还停留在过往的“舒适区”中，行业将越走越窄。

（2）智慧驾培是什么

近两年，我们听到一些“互联网驾校”开始鼓吹“智慧驾培”，从其提供的实际产品及思路来看，只是将“智慧驾培”作为噱头重走“应试教学”的老路，进一步带偏行业发展路径，消磨行业的社会公信力，无论是说给政府还是说给资本听，一味鼓吹智慧驾培而忽略行业的本质，一定会落得华而不实的结局。

智慧驾培在行业的有效应用，首先要对驾培之于道路交通安全重要性有深刻的理解，其次是对驾驶技能形成基本规律的准确掌握，探索基于科学技术的素质教育路线，这样才能真正定义“智慧驾培”。在行业智能终端普及率低、数字化基础尚不扎实的情况下，根本不可能实现智能化，甚至高水平智能化都是奢求，更谈不上智慧化。驾培行业人工智能实现的基础是对驾驶技能培训客观规律的精准和深度把握，通过对学员学习风格画像、合理的培训策略制定以及数据模型分析，才能发挥“智慧驾培”的实际效益。对于行业管理方面，形成了多维度、动态数据的管理模式，提升管理效能，及时获取学员培训进度及效果数据；对于驾培机构方面，打造一套标准化的、因人而异的教学知识图谱，根据学员学习进度与需求推送合理的教学内容与方法，有效分配和优化培训资源，降低运营成本；对于学员方面，根据每次学习后形成的定制化驾驶行为分析报告，能够充分了解自身知识盲点，精准地提升驾驶技能，提高学习效率；同时结合驾驶心理测评、行为改进策略以及场景化体验的素质教育内容，能够切实提高安全文明意识水平，降低未来在道路行驶的违法、事故率。综上，才能真正形成社会、政府管理部门、行业、学员多方受益的良性循环。

当前，我国具备数字化能力的驾培机构不足1%，行业从业者缺乏对数字化驾培的认知，因投资回报缺乏信心、对传统驾培模式的路径依赖、不愿走出舒适圈、行业管理政策风险等诸多因素，处于观望、困惑、犹豫、徘徊的状态。究其根本，驾培是一个“在存量中寻找增量”的行业：在当前的市场环境下做驾培生意，比起稳步扩张成为寡头，更实际的做法往往是在存量市场中，探索优化成本结构、提高毛利率的方法，而智能化布局将打开这一局面。

3. 以提升交通安全文明意识为导向的考试创新正在酝酿

（1）驾驶人考试“指挥棒”的作用

如前文所述，未来一段时期，学时问题的关键不仅在于驾培行业主观上能否抵得住“诱惑”，还要考虑考试“指挥棒”的客观作用，而考试一定是以倒逼素质教育为导向的，即倒逼“应试教学”向“素质教育”转变。2004年5月1日施行的《中华人民共和国道路交通安全法》明确机动车的驾驶培训实行社会化，由交通主管部门实行资格管理（现已改为“备案管理”），是我国首次以立法的形式对机动车驾驶培训予以规范。2006年1月交通部发布《机动车驾驶员培训管理规定》，规定了由交通部主管全国机动车驾驶员培训管理工作，制定《机动车驾驶员培训教学大纲》，组织指导驾驶培训学校开展培训。通过观察行业近十余年的发展，可以说，除了交通运输主管部门对驾培行业的规范化管理以外，公安部门的考试在很大程度上左右了机动车驾驶培训的核心社会职能，即法律、法规，安全文明意识及驾驶技能的培训。其实，驾驶培训的过程以“考试”为导向没有问题，但决不应该以“应试”为导向。

国办发〔2015〕88号文件的出台就是为应对我国道路交通三要素（人、车、路）爆炸式增长作出的社会选择，解决人民群众对学习驾驶技能、考取驾驶证、向往美好生活的强烈需要与驾驶培训考试资源不满足、不规范之间的矛盾，这势必要满足培训考试效率的目标，但随之而来的副作用就是以牺牲一定的素质教育为代价。

虽然机动车驾驶人考试是国家考试，但与国考、高考不同：一是技能考试规则完全透明，不存在某一考点的多重变化，机器评判则进一步导致评判更加死板；二是驾驶人培训考试涉及安全，涉及生命。当前，绝大部分驾培机构（教练）仅围绕考试规则——《机动车驾驶人考试内容和方法（GA 1026—2017）》进行应试教学，且已经形成了“舒适区”，不具备创新的动力，但用标准化、流水线似生产工业品的方式培养不出兼具安全驾驶意识和良好驾驶技能的高素质驾驶人。

（2）驾驶人考试的方向性调整

近五年，我国道路交通事故数量及死亡人数维持在一个平稳的水平，但与发达国家相比还存在巨大的改善空间。随着车辆的可靠性和安全性提升、道路设施的不断完善，人的可靠性变得越来越重要。公安机关交通管理部门除了负责对各类交通参与者进行日常交通安全宣传教育，每年新增的2000多万驾驶人将是重点关注的交通安全教育对象。虽然公安交管部门不直接管理驾培行业，但考试作为“指挥棒”对驾培行业的影响是深远的。

根据前文所述，随着驾驶人新增速度放缓以及培训考试资源过剩，上一阶段的主要矛盾已经解决，公安交管部门有较为充足的战略调整空间，将以更加平和的心态思考驾驶人考试内容的合理性，进一步引导和深化驾驶人的素质教育。通过梳理近十年的驾考改革脉络（2012年至今持续推动的驾考改革和“放管服”相关政策），考试内容及方法的变化与社会的发展相辅相成，是根据特定历史时期的社会诉求推动的改革措施，趋势是一个由“难”（过去）到“易”（现在）再到“严”（未来）的过程。最终的目的是达到让新驾驶人在实际驾驶过程中真正做到“知不可为而不为”，只要越来越多的驾驶人守规则，那么道路交通环境就不会恶化。（道路交通环境的整体提升还涉及执法规范化程度、道路交通秩序管理、交通违法处罚的合理性、全体交通参与者的宣传教育等系统的交通管理措施，在这里仅从驾考角度进行分析）。

（3）当前驾驶人考试内容与方法的局限性

未来驾考政策将围绕实践中存在的以下两个关键问题进行改革：一是解决“理论与驾驶技能割裂”，即科目一法律法规和科目三安全文明理论考试同技能考试的融合问题。科目一考试的目的是让驾驶人熟知“规则”和“红线”，要求其明白道路交通安全法律法规“是什么”；科目三安全文明理论是以科目一为基础，结合实际道路驾驶操作让驾驶人掌握“怎么做”，要让驾驶人做到“知行合一”。而其中的“为什么”，则是驾驶培训阶段需要解决的关键，但实际上，在驾驶培训阶段无论是培训大纲还是驾驶培训信息管理系统，将与科目三相对应的培训划分为了“第三部分”和“第四部分”，造成了意识和技能的割裂。实际道路驾驶技能训练中，大部分驾培机构在第三部分训练中参考“固定的”科目三实际道路考试路线进行训练，而第四部分通过网络远程理论教学、面授课程甚至通过刷题软件“培训”，与驾考“理论结合实际”的目标明显脱轨；二是“技能考试与实际道路应用割裂”，即科目二场地驾驶技能和科目三道路驾驶技能考试同实际道路驾驶的融合问题。受限于场地和机器评判，技能考试基本以“横平竖直”+“时间限制”为考核标准，从而达到统一标准、提升考试效率的目的。延伸到驾驶培训过程中，驾培机构却将70%的培训时间用于低速、慢速的场地驾驶技能培训。以倒车入库、侧方停车等实际驾驶场景为例，一方面，“泊车”与驾驶车辆上路时长相比占比极少；另一方面，除车辆盲区及在低速、慢速情况下控制车辆等知识和技能外，科目二考试涉及驾驶安全的问题不多，更多的是影响“效率”，在现实生活中多倒几把、压两次线无伤大雅。又如科目三道路驾驶技能考试以不出事故、不影响人民的生产生活安全为重，设置“固定”路线，导致第三部分培训逐渐“场地化”，只能考核可量化的“技能”，而不是“意识”。驾驶培训考试整体的“投入-产出”（投入培训及考试的场地、设备、人力、时间等资源与产出合格的驾驶人）存在不匹配、不平衡的问题，同时“记点”“找点”的应试教学普遍，存在驾驶人取证后不会开车，不敢开车，开不好车的现象。可以预见的是，针对驾考内容的改革将更加贴近实际，逐渐弱化科目二场地驾驶技能考试，强化科目三实际应用和安全文明意识相融合的考试。

实际上近年来发生的多起事故都是对道路交通安全法律法规的理解及执行不够，比如交通事故处置不当造成的二次事故、通行权意识不强导致的大量未按规定让行事故等，普遍反映了驾驶人交通出行规则意识差的问题，尤其是在其学习驾驶过程中未形成思想结合身体的客观认知，而仅仅停留在理论表面，诸如危险源识别、防御性驾驶、应急处置、特殊道路（如山区道路、高速公路、复杂城市路段）、恶劣气象条件（如雨、雪、雾天气）等知识和情景更需要实操和体验才能入脑入心。

2021 年 4 月，沈海高速发生一起轮胎掉落引发的交通事故，造成 11 人死亡，19 人受伤的惨剧。虽然这起重大交通事故的主要诱因为前车轮胎脱落，但不可忽视的是后车驾驶人应急处置能力的缺失。该事故的教训提示我们一方面应加强出车前的检查，预防车辆零部件掉落；更多的还应该提升驾驶人遇到紧急情况的处置能力。这起事故中若后车驾驶人采取紧急制动措施，可能导致的仅仅是单车碰撞事故，而不会造成后果如此严重的连环事故。

2020 年 4 月，国务院安全生产委员会印发《全国安全生产专项整治三年行动计划》（安委〔2020〕3 号），其中《道路运输安全专项整治三年行动实施方案》提到“督促机动车驾培机构和教练员严格执行教学大纲，落实培训内容和培训学时要求，在驾驶培训考试中增加防范隧道事故和二次事故、应急处置、急救实训等内容，提高驾驶人职业素质能力。”到目前为止，理论试题已经进行了相应的更新，但受限于当前驾驶培训与考试软硬件设施及配套场地，无法进行客观教学及考试，相关内容教学仅停留在主观理论层面，学员依然缺乏实操和体验感。

（4）驾驶人考试改革创新的新思路

近年来，虚拟现实技术在驾培行业的落地应用，为公安交管部门考试改革创新提供了新思路，对提升新驾驶人理论结合技能水平以及拓宽考试内容和方法提供了新路径。

基于虚拟现实技术，可以让学员全身心地沉浸于相应的场景中，通过实际操作提升客观认知，一方面养成正确的观察方法和操作方法，另一方面以事故为导向让学员感受交通违法带来的严重后果，而不是观看说教的视频，从而实现危险源识别、防御性驾驶、应急情况处置、特殊道路、恶劣气象条件等以往无法完成的培训考试，实现“从 0 到 1”的突破；同时，通过将科目三安全文明理论内容与模拟的实际道路驾驶相结合，增加培训考试内容的实用性，实现“从 1 到 2”的改进，使驾驶人形成守法、安全、文明、规范的行车习惯，把正确的操作变成下意识的动作。通过虚拟环境对真实路况的全景模拟，让学员在保证安全的前提下对车辆进行基本的控制，对交通规则有基本的掌握。通过体验各种交通状况，帮助学员对自己的动机、行为、能力有深刻的认识，对危险行为后果具有反应能力，不管在何时、何地、何种条件下都能做出正确且安全的决策。了解不同交通状况下什么样的行为是安全的、什么行为是危险的，最终做到道路交通安全知识与操作技能的“知行合一”。

4. 我们为什么要塑造驾培行业的舆论氛围

（1）舆论的重要性

地方驾培行业协会有责任引导本地正向的舆论环境，促进行业责任形象的螺旋式上升。

我们不树立驾培责任形象，就会有各种应试软件平台做各种“应试”“保过”“答题技巧”等广告宣传，它们不仅不提供正规的驾培服务，还以驾培的名头来赚钱，一旦出现了问题，“黑锅”一定是扣在“驾培”头上，短期看是“某一家”互联网公司的经营问题，但从中长期来看，损害的是驾培行业形象。同时，此类刷题软件的使用越广泛，将惰化学员主动思考能力、违背教学规律，不利于素质教育体系构建。

（2）地方行业协会应抓住舆论阵地

各地方行业协会应主动作为，拓宽双向职能范围，除了在政策研究、利益协调、诉求表达、矛盾调处、权益保障方面做好具体工作，还应在行业主管部门的指导下成立宣传部门。一方面要积极输出行业正确价值观，树立行业责任形象，发挥行会组织的力量，为那些积极承担社会责任，促进道路交通安全的好驾校发声，帮助其扩大社会影响力，不要让好驾校孤军奋战；另一方面要利用舆论的监督力量，揭露“黑平台、黑驾校、黑教练”的危害，引发群众关注；通过发布预警，帮助学员“避雷”。有效发挥社会舆论的引导矫正作用，让“不合法、不合规、不合格”的驾培行业乱象成为群众抵制的共识，让优质的、积极的、创新的、负责的、安全的、规范的行为越来越多，达到倒逼驾培机构强化培训质量，提高服务水平的目的，同时进一步挤压不合规驾校的生存空间，让低劣的、消极的、短视的、应试的、投机的、违规的行为越来越少，最终促成风清气正的驾培行业市场环境。正如前文所述，驾培行业“躺着赚钱”的好日子已经过去了，在生源不足的情况下，就要敢与不合规驾校“拼刺刀”。行业协会除了要加强与主管部门的沟通，还需要聚拢本地合法合规的驾校共同营造良好的竞争环境和市场秩序，利用好媒体发挥舆论优势，通过舆论的力量不断修正和打磨行业价值观，肩负起推动行业整体向好的责任。

“雪崩时，没有一片雪花是无辜的。”每一位希望驾培行业变好的从业者都不能以看热闹的态度看待每一例驾培行业的负面新闻，应共同思考负面新闻产生的原因，共同努力规范行业。

浅议驾驶人交通安全知识体系科学构建与管理变革

巩建国

摘 要

在分析我国机动车驾驶人发展宏微观态势基础上，立足驾培驾考行业管理特征，一是从产业经济的角度研究了驾驶培训行业从劳动密集、资本密集到技术密集的发展阶段，挖掘驾培行业发展困境及破解路径。二是围绕道路交通运行管理的需求，从交通法理、交通物理和交通伦理三个方面设计驾驶人交通安全知识体系与培养方法。三是从技术、制度和文化三个层面分别提出了交通安全治理的方向和内容，以期提升我国驾驶人安全文明素养，提高道路交通安全水平。

关键词

驾驶人管理；产业发展；交通安全知识；管理变革

一、引言

机动车驾驶人管理是道路交通安全管理的核心工作之一，与交通安全、民生福祉息息相关。2009年，我国正式进入汽车社会元年，百户家庭汽车保有量达到20辆，也开启了机动化发展的新阶段。随着机动化水平的飞速提升，机动车驾驶人的数量也在联动增长。截至2021年底，全国机动车驾驶人数量达到4.81亿人，占成年人比重约50%，机动车保有量达到3.95亿辆，汽车保有量达到3.02亿辆，百户家庭汽车保有量已超过50辆，千人汽车保有量超过200辆。与此同时，新驾驶人安全文明综合素养也在同步提高，我国道路交通事故中新驾驶人因素占比由10年前的10%以上降低至目前的4%~5%，安全驾驶、文明行车、礼让行人等理念和行动深入人心，驾驶人培训考试管理起着至关重要的作用。

随着我国经济社会发展深入推进，居民生活水平进一步提升，机动化水平仍将不断提高。与发达国家相比，我国的机动化水平仍有很大的发展空间，参照发达国家的发展水平，未来驾驶人占总人口的比重将达到70%，汽车保有量将达到500辆/千人以上，这对道路交通管理将产生巨大挑战，对驾驶人管理影响更为深刻。同时，驾驶人管理还面临人口老龄化、车辆智能化等新形势、新技术的衍生影响，群众对服务管理的需求更加多元，管理对象更为复杂，管理任务更加艰巨，管理模式亟须创新。因此，驾驶人管理要精准把握发展态势，抓住交通安全治理的本质需求，抓住驾驶人安全管理的核心要义，推动技术、制度、文化多方面改革改进，不断提升驾驶人管理的科学水平，助力交通安全水平和社会文明水平进步。

二、驾培行业发展生产视野分析与思考

1. 驾培行业发展生产视野分析

驾驶人培训行业是驾驶人孕育的摇篮，承担着培养安全文明合格

驾驶人的重要责任，也是交通安全的源头关口。从管理主体来看，新中国成立以来我国驾培考试经历了交通部门统一管理(1949—1955年)、公安和交通部门分别管理(1955—1986年)、公安部门统一管理(1986—1993年)、公安和交通分工管理(1993年至今)。目前，按照《中华人民共和国道路交通安全法》规定，交通运输部门对驾驶培训学校进行统一管理。但从管理模式来看，主要经过了从传统的“学徒制”到现在的“学校制”的变革。新中国成立初期，交通运输基本上都是由国营货运车队、公交客运企业等承担，当时的驾驶员是“单位人”，机动车是“单位车”，驾驶员主要来自各级交通运输部门和厂矿企业，驾驶资格实施职业化管理，对驾驶员的选拔、培训也较为严格，既要审查身体条件，也要审查政治条件。因此，在20世纪80年代中期之前，我国机动车驾驶人数量与机动车保有量的发展基本持平。在1987年，我国机动车保有量为1061.03万辆，其中汽车408.07万辆；机动车驾驶人数量1196.82万人，其中汽车驾驶人数量556.82万人。随着汽车限制政策的放开，一些大城市和沿海开放城市开始出现“学车热”。进入20世纪90年代，汽车开始大规模进入家庭，机动车驾驶人培训考试逐步规范并简化，机动车驾驶人数量呈快速上升趋势。1994年后，机动车驾驶人以每年800万人的速度递增，传统的培训方式已不能满足现实需要，各地驾驶培训学校开始逐渐增多，并采取机动车驾驶培训社会化方式，考取机动车驾驶证成为一件并不困难的事情。2000年后，受社会经济发展和加入WTO后汽车消费鼓励政策的影响，机动车驾驶人年均增长突破1000万人。进入新时代，驾驶人增长数量保持高位运行，年均增长量达到了2500万人。从数量级来看，中国机动车驾驶人从几百万增长到1亿人，共经历了54年时间，从1亿人到2亿人用了7年时间，从2亿人到3亿人、3亿人到4亿人均仅用了4年时间。

从经济产业角度纵观我国驾培行业的发展历程，呈现明显的三个阶段性特征。一是劳动力密集型产业阶段。该阶段以大量的人力资源投入为主要生产要素，教练员是驾培行业、驾培机构的核心生产要素，教练员的数量、质量决定着驾培行业、驾培机构的发展规模和水平。从培训内容来看，理论培训普遍性缺失，传统的科目二、科目三驾驶技能训练由人工教练执行，教学方式沐风栉雨、教学内容对点标线，体现出典型的劳动密集型特征。受制于教练员数量质量原因，此阶段的“生产效率”较低，一对一的培训产出，培训的学员数量有限。二是资本密集型阶段。随着公众学驾需求的增长，传统的学徒制逐步难以适应大规模的学员数量要求，社会化的驾培机构如雨后春笋般出现，大量社会资本走进驾培行业市场。特别是2016年驾考改革以来，驾培机构审批政策放开，驾校数量飙升，已经增长到近2万家，平均每个地市60家驾校。传统的劳动力密集型向资本密集型转变，科目二、科目三驾驶技能的培训仍由人工教学完成，但逐渐引入了规模化的教学模式。更为典型的是，驾驶理论的教学领域，由资本市场选择以“刷题”的方式取代，大量社会资本进入驾培驾考领域，大量的理论学习由“刷题”完成，驾驶人安全文明意识培养流于形式，学员考生理论基础不扎实，更多将学驾的成本转嫁到社会，通过大量的违法、事故“学习”驾驶，对道路交通安全造成严重的损害。三是技术密集型阶段。随着新技术、新手段的出现，驾培行业也迎来新的发展机遇，驾考模式由人工评判逐步走向计算机智能评判，驾培领域也逐步采用智能化的教学培训软件课件。近年来，驾培行业更是逐步引入驾驶模拟器、VR、机器人教练等新技术手段，通过场景化、智能化的技术展现道路交通安全知识要点，为驾驶人学习提供更新更优体验，推动驾培行业实现科技赋能发展。从产业角度来看，驾培行业的传统生产要素包括土地（驾培机构的土地）、资本（资金投入）、劳动力（教练和管理团队），核心的生产要素是由教练团队决定。随着产业模式的发展，新的生产要素逐渐取代传统，对劳动力和土地的需求在逐步下降，对资本的需求保持相对稳定，但对科技和数据的要素需求急剧上升，驾培行业必须不断提高科技含量、用足用好数据要素才能创造更多新的经济价值、社会价值。新的驾培行业生产要素，必然包含土地、资本、劳动力，但更多要依赖于科技和数据要素的投入。

2. 驾培行业困境根源分析

当前，驾培行业正处于急剧的变革期，面临学驾人数总量减少、学车群体年轻化、服务品质要求提升等外部需求变化的多重考验，也面临市场竞争激烈、驾培机构水平参差不齐等内部矛盾的集中爆发，既有机遇，更有挑战。面对经济社会高质量转型的宏观发展要求，驾培行业发展困境必须立足新的发展阶段，重新审视行业属性和特点，运用新发展理念指导发展思路，推出新的发展举措，推动驾培行业高质量发展。

一是要提高驾驶安全的科学认知水平。交通安全是一门系统性、综合性的学科，涵盖工程、教育、法律、环境、能源等多个领域，具备丰富的学科内涵、完善的理论基础、系统的知识架构。机动车驾驶人培训是交通安全的重要领域之一，涉及车辆道路工程原理、交通参与者心理生理特性、交通场景通行规则、车辆安全驾驶操作等多方面内容，需要科学理论的指引、实践案例的论证，蕴含着丰富的学理原理，不仅仅是简单的“对点对线”、刷题背题。驾培行业必须提高对驾驶安全的科学认知，充分将高校、科研院所的研究成果运用于日常驾驶理论教学、实践教学，帮助驾驶人构建系统的驾车安全知识体系，树立交通安全理念。

二是提高安全驾驶认知理论水平。安全驾驶，根基在于驾驶理论水平。当前，驾培行业对动态驾驶任务的研究和应用十分不足，亟须将动态驾驶任务的特点与道路工程、车辆工程等进行深度融合，与法律法规、交通文化进行深度贯通，充分提高驾驶人对道路交通运行特征的掌握能力，提升驾驶人对安全文明行车道德的理解运用能力，切实提高驾驶人安全文明素养水平。在理论培训上，坚持高标准、严要求，重视理论教学的开展，重视理论教练员的选配，重视理论教学场地的建设，培养名师、培育优课、培训高徒，切实发挥理论教学对驾车安全的强基固本作用。

三是提高驾培行业发展认知水平。“察势者智，驭势者赢”。随着新增人口的持续下降，学员考生人数逐步减少，驾培行业面临剧烈的需求波动冲击，部分行业从业人员对驾培市场判断略显悲观。如前所述，按照发达国家驾驶证渗透率、机动车保有量水平判断，我国的驾驶人培训考试仍处于需求高峰期，且对高水平、高效率、高品质的驾培考试需求更为迫切。同时，车辆智能化、电动化、网联化的趋势愈加明显，驾培行业的新领域拓展也愈加紧迫，为传统驾培提出了新的研究课题和应对要求。

三、基于路权原则的安全驾驶知识体系科学构建

道路交通是一个复杂的巨系统，有其自身的规律和特征。驾驶机动车是道路交通运行的基本事件，驾驶人必须掌握和遵循基本的通行规律，即背后的科学原理和相应的驾驶技能。总体而言，驾驶人应掌握基本路权原则，涵盖三“li”：一是“理”，即交通法理，参与道路交通活动最基本的权利义务；二是“离”，即交通物理，了解交通运行原理，远离道路交通风险；三是“礼”，即交通伦理，在交通系统中遵循基本的道德伦理，与他人和谐共处。

1. 交通法理

驾驶机动车出行，处于公共的道路交通空间，必然与其他交通参与者形成交互，因此，形成典型的公共空间下多元交通参与者使用道路的情形，需要明确界定各交通参与者的权利义务。在交通法理中，最基本的规则是权利义务的对等，驾驶人享受驾车的权利，必须尽到相应的义务，包括遵守道路通行规则、礼让行人和非机动车、按照规定的时空范围出行等要求。道路通行，路权原则是基本要求，既蕴藏在法律法规要求的驾驶行为，也体现在交通信号规定的时空范围，包括以下三个方面：

一是上路行驶权，要符合道路交通安全法律法规规定，具备上路行驶资格。车辆牌证应当合法、齐全、有效，驾驶人应当取得相应准驾车型的驾驶资格，保持良好的身体条件，提前检查熟悉车辆、规划出行路线。

二是通行权，要按照道路交通管理设施、措施要求，在规定的时间和空间活动。驾驶机动车，应当按照交通信号灯、交通标志标线指示，或者交通警察指挥的时间、地点、顺序通行。要保持安全的速度，按

照道路或车道限速标志标线的速度范围通行，符合车流整体运行速度。要选择合适的车距，跟车距离遵守“开多快跟多远”的原则，横向距离要与相邻车道车辆距离保持在1.5m以上等。

三是先行权，保障特殊情形的优先通行。消防车、警车、救护车、工程救险车等特种车辆在执行紧急任务时具有优先通行权，社会车辆应当靠边或停车避让；行人和非机动车等交通弱势群体应当被尊重和礼让，应急车道作为生命通道严禁违法占用。

2. 交通物理

道路交通系统由人、车、路、管理、环境等要素构成，人是其中的核心要素，车辆、道路、环境则是围绕人这一核心要素进行设计和管理。所谓交通物理，即道路交通系统中各要素的各自和交互运行过程中的物理规律。

一是人的基本特性，包括驾驶人生理心理特征与驾驶任务要求特性，如驾驶人视觉特性、知觉特性对道路环境空间的认知，驾驶人反应判断特性对特殊路况、危险场景的应对等基本特性。驾驶人必须掌握自身乃至他人的交通特性，了解自身反应知觉、判断操作等方面的特点，从而能够有效应对不同出行场景下驾驶任务的要求，避免出现肢体不便、身体疲劳、反应滞后、操作失误等人因交通事故。

二是车辆的基本特性，包括车辆基本构造、主要操纵机构、加减速性能、稳定性、通过性等内容。驾驶人必须掌握车辆的基本运行特征，掌控车辆的操作方法，了解车辆在不同路况、不同环境下的安全驾驶要求，应对不同环境下的驾驶任务要求，达到安全驾驶、熟练驾驶的水平。

三是道路的基本特性，包括道路横纵曲线、基本构成、弯道坡道等基本特征。驾驶人必须掌握道路不同环境下的驾驶任务要求，根据城市道路、高速公路、国省干道、农村道路等不同场景下道路系统的构成特点进行动态驾驶任务调整，适应不同条件安全驾驶要求，保障车辆行驶与道路运行的匹配性。

四是管理的基本特性，体现在道路交通标志标线、交通信号灯、交通警察指挥、交通管控设施等方面规定的道路通行的基本权利和规则。驾驶人必须了解交通信号的含义，掌握交通信号所指示的通行原理和规则，按照基本的管理要求进行速度、距离、方向调整，适应安全效率的管控要求。

五是环境的基本特性，包括道路自然环境、天气环境等内容。驾驶人必须了解山区农村、城市小区等自然人文环境下的出行特征和风险，了解雨雾冰雪天气环境下车辆与道路运行的安全特性，掌握相应的驾驶操作技能，提高风险防范和应对意识能力，提升安全驾驶能力。

3. 交通伦理

汽车社会，驾驶人的行为直接决定着道路交通运行的安全与效率，也影响着社会的和谐稳定，驾驶人行为已成为现代文明的重要表征之一。道路交通运行中，基本的伦理规则是汽车社会和谐运行的根基。总体而言，驾驶人要掌握几个方面的伦理规则。

一是生命至上。费尔巴哈曾言，人是人的最高本质。生命对任何人来说都是唯一的。在交通权利体系中，生命健康权是最高最基本的权利。“以人为本、生命至上”理应处于交通伦理的首要位置。道路交通运行的次生危害最直接的威胁就是人们的生命安全。驾驶人要遵守最基本的生命伦理原则，驾车过程中以预防、减少道路交通事故为第一要务，对人、物的生命给予最高的敬畏，以遵守通行规则保护交通参与者的生命权，坚决杜绝酒驾醉驾、超速超载、追逐竞驶、路怒斗气等主观漠视生命的行为。

二是公平正义。一方面，要体现交通公平性，驾驶人应了解汽车出行对消耗能源资源、道路空间资源的成本，在享受现代汽车便利时进行理性反思，对自己的行为作出合理评价，对自己付出的成本进行合理评估，做到权利义务平等。另一方面，以“正义论”的差别来审视交通正义，驾驶人以换位的角度思考行人、非机动车骑行人、残障人士等其他交通参与者的出行需求，破除驾驶人的自我中心主义，驾车过程中给予更多的礼让和尊重，出现交通冲突时更多让渡自己的资源和权利，通过“让行”实现交通正义。

三是生态环保。汽车交通不可避免地对环境造成污染，诸如尾气排放、路面扬尘、蓄电池消解等负面效应，影响着人民群众的生命健康。汽车交通作为碳排放的重要来源之一，推进减碳减排是必然要求。驾驶人要树立生态环保的伦理价值观，驾驶过程中按照生态节能的驾驶技术进行驾车出行，尽量选择公共交通、低碳交通出行，选择新能源车等绿色交通工具，减少对自然环境的污染和破坏，促进人与自然和谐共处。

四、驾驶人管理的变革态势与方向

行业实体的发展，离不开三要素：技术、制度和文化。对于道路交通，特别是汽车交通的道路交通管理而言，围绕运行安全、效率、公平等目标，技术、制度和文化的变革是最为关键的要素。以史为鉴、开创未来，驾驶人管理的技术、制度和文化变革势在必行，总体向着更为智能化、精细化、和谐化的方向迈进。

1. 技术向智、向善

技术是驾驶人管理行业重要的生产力要素。技术变革对驾驶人管理起着积极的促进作用。随着新一轮科技革命的兴起，互联网、大数据、云计算等技术发展方兴未艾，人工智能、虚拟现实等技术蓬勃发展，为驾驶人管理工作提供了强有力的技术工具。在技术应用上，驾驶人管理的技术变革应突出两个导向。

一是技术向智。2021 年，《国民经济和社会发展第十四个五年规划和 2035 年远景目标纲要》正式发布，其中重点提出了加快数字化发展、建设数字中国的战略举措，要求加快建设数字经济、数字社会、数字政府，以数字化转型整体驱动生产方式、生活方式和治理方式变革。围绕提高交通参与者安全文明素养、便利群众安全便捷出行，按照十四五规划指引，运用数字化技术手段为交通参与者、安全管理者、交通执法者提供全生命周期、全分类群体、全应用场景的信息服务，服务群众考试领证、学习知识、安全出行，服务企业安全管理、学习教育、高效办事。对驾培驾考行业而言，更多的数字化、智能化技术将应用于驾驶人管理，“驾培驾考 + 互联网、大数据、人工智能”将成为必不可少的发展趋势，充分运用新技术开展驾驶人培训、考试、再教育等全生命周期的交通安全知识传播传递，让驾驶人充分在数字世界、场景环境体验交通规则、交通文明。

二是技术向善。著名历史学家尤瓦尔·赫拉利认为“技术具有向善性”，技术革命旨在提高生产力、改善生产关系。提高驾驶人管理效能，提升驾驶人综合素养，提高道路交通安全水平，切实保障人民生命财产安全，就是“技术向善”在驾培驾考行业的典型结合和最优体现。驾驶人管理的新技术应用，将科学的理论融入技术产品，培养出更多更加安全、更加文明、更加守法的新驾驶人，切实强化规则意识、安全知识、驾驶技能“三位一体”的培训，坚决摒弃以背题、对点等应试为导向的科技应用，真正培育出安全文明、守法礼让、技能过硬的新驾驶人，助力道路交通安全水平提升。要主动搭乘国家科技发展快车，借力人工智能、大数据、自动驾驶等新技术，提高驾培过程智能化、自动化水平，促进驾驶人管理动力变革、效率变革，推动驾培行业由劳动力密集型、资本密集型向技术密集型产业转型，助力经济社会高质量发展。要着眼学员群众所需所盼、所忧所怨，推进新技术在驾培服务方面的深度应用，以技术支撑驾培驾考改革落地，便利学员网上学、就近学、自主学，切实方便群众学车考证，服务群众、普惠民生，坚决摒弃以跑码刷时、远程指挥等舞弊为手段的科技应用。

2. 制度向简、向精

制度机制是驾驶人管理的重要条线，对驾驶人安全文明素养养成起着实时精准调控的作用。我国驾驶人群体的规模剧增和细分群体的增加，对驾驶人管理政策制度制定提出了更为严格、精细的要求。总体而言，驾驶人管理政策制度逐步走向简约化、精细化。

一是制度简约化。简政放权、减证便民，是近年来党中央、国务院推进政府治理体系现代化的重要指导思路。驾培驾考行业主管部门认真贯彻落实党中央、国务院关于推进落实“放管服”改革的决策部署，相继推出了一系列便民利民举措，驾培行业推行先培训后付费、准入审批改备案等改革举措，驾考管理持续推行电子驾驶证、异地分科目考试、一证通考等便利措施，大大便利了群众学驾考证，优化驾培行业营商环境。借助互联网、大数据等新技术手段，驾驶人管理将实现一证办、异地办、网上办、就近办的便民目标，驾驶人办理驾驶证相关业务只需持身份证即可参加培训考试、补证换证，能够在全国任意城市、就近的交管业务网点、交管互联网平台办理驾驶证业务，减少群众携带资料、往返奔波、旅途劳顿麻烦，节约时间和经济成本。改革措施的推行，离不开制度的简化优化，着力从制度机制层面解决群众办事创业难题，提升群众获得感、幸福感。

二是制度精细化。随着居民生活水平提高，驾驶人群体细分类别愈加多元，群众对驾驶人管理政策要求向着优质优品、精细精致的方向发展，考验着政府管理部门精细管理的能力水平。如驾培行业管理，新生代的学员群体对品质体验、优质服务的需求更加强烈，对经济成本的考量相对减弱，希望更好更快的学习到安全驾驶知识，这就要求驾培行业转变传统服务模式，充分转变一对多、集中讲、心传口授的教学模式，运用更加现代多元的手段开展教学，提高交通安全知识传播效能。如驾考驾管工作，面对驾驶人群体老龄化、车辆智能化的发展态势，驾驶人管理制度必须积极适应新形势、新要求，制定完善的驾驶人准入管理、智能车辆驾驶管理政策，既保障老年群体驾车权益、满足智能车辆上路需求，又能防止因驾驶能力不足诱发交通事故。凡此种种，无一不需政府管理部门精细调研形势、精准把握需求、精心制定对策。

3. 文化向和、向信

文化对交通安全的影响至关重要、尤为深远。改革开放以来，我国机动化水平飞速提升，用三十至四十年的时间走过了发达国家百年的机动化历程，交通安全管理较多的借鉴了西方发达国家的管理经验，取得了较为明显的成效。随着机动化水平的持续深入，混合交通流等具有中国特色的道路交通运行特点逐渐体现并显著加深，新的治理趋势亟须在中国特色文化底蕴基础上制定对策。当前，文化强国建设已提上日程，交通文化作为社会文化的重要组成部分，也是文化强国建设的有机组成，有必要构建基于中国优秀传统文化与现代汽车文化相结合的新型交通文化，为交通安全治理提供伦理脉络。

一是构建“和让”交通文化。“温良恭俭让”是中华民族的传统美德。道路交通运行秩序的保障，在于交通参与者的相互遵规和礼让，减少和避免交通冲突，进而预防道路交通事故发生。驾驶人群体是道路交通参与者中相对较为“强势”的群体，更应成为“和让”交通文化的建设者。构建“和让”的交通文化，一方面，要立足平等参与交通的理念，尊重其他交通参与者，在良好的行为框架内进行驾车操作，此为遵规守序；另一方面，要立足交通正义理念，爱护生命、敬畏生命，主动避让交通弱势群体，为交通弱势群体出行提供安全的交通空间。中国特色的“和让”交通文化构建，不仅仅是道路交通安全法律法规框架下的权利义务对等（如法律强制要求的礼让行人和非机动车），更为重要的是发自内心地对生命敬畏和尊重，形成以内心自省自重为出发点的行为准则、社会公德。

二是构建“诚信”交通文化。“仁义礼智信”是儒家强调的道德准则，也是中华民族优秀传统文化之一。诚信应成为道路交通运行的应有之义。道路交通秩序的构建，外在强制力除了体现在法律法规的强制性要求外，社会诚信体系的建设也尤为重要。要加快推进中国特色的交通安全征信体系建设，建立个人、单位道路交通安全信用评价机制，并与个人从业就业、单位经营运营等进行绑定，对交通运行中文明礼让、紧急救助等行为加以鼓励，对道路交通违法违规行为、非法运输经营行为等予以限制，倡导“以信立序、以序护安”的诚信交通文化。

五、结语

驾驶人安全文明素养是推进交通强国、文化强国、平安中国建设过程中不可忽视的重要力量，驾驶培训考试则是驾驶人安全文明素养的源头基础。随着我国机动化水平的深入推进，驾驶人群体规模仍将持续增长，细分群体更加多元复杂，对驾驶人管理的时代化、精细化提出更高的要求。面对依然严峻的道路交通安全形势，驾培驾考行业要紧紧立足产业发展的技术、知识密集导向，重新审视和构建科学的驾驶人交通安全知识体系，把握技术、制度、文化变革要求与态势，推进新时代中国道路交通文化建设，着力破解驾驶人安全知识缺乏、规则意识不强等问题，着力提升新驾驶人安全文明素养，推动驾驶人培训考试的高质量发展，为经济社会高质量发展提供坚强支撑。

多措并举　多方联动　营造公平竞争的驾培市场环境

刘禹辉　曹仁磊

摘　要

近年来，在行业上下的共同努力下，通过强化制度保障、夯实监管基础、推动协会共治、科技赋能发展，驾培行业取得了快速的发展。随着驾培市场准入制度改革、交通运输综合执法改革等的不断深入，由于行业发展不均衡，驾培行业迎来了新的发展机遇和挑战。驾培行业企盼通过规范的制度保障体系、规范的事中事后监管、规范的教学组织保障、规范的资金监管模式、规范的技术应用环境、规范的协同共治制度，来营造一个公平竞争的市场环境。

关键词

驾培改革；协同共治；公平竞争；新发展

2015年底，国务院办公厅转发公安部、交通运输部《关于推进机动车驾驶人培训考试制度改革的意见》（国办发〔2015〕88号），出台措施推动我国机动车驾驶培训（以下简称“驾培”）考试制度全面改革。伴随着改革的深入，按照党中央国务院的有关部署要求，两部连续推出多项便民利民举措，各地也相继细化措施，进一步推进驾培行业“放管服”改革向纵深发展。随着便民利民措施的落地，如何强化行业监管和服务，扼制学时造假、非法培训、恶性竞争等乱象，营造公平竞争的市场环境成为行业上下关注的重点。

一、齐心协力推进行业健康稳定发展

为促进驾培市场健康有序发展，各级交通运输主管部门、道路运输管理机构和行业协会从行政许可、资格条件、经营管理、教练员管理、培训质量等各方面做出了具体要求，细化了工作措施，从事前的源头管理到过程监督直至事后处置，力求全过程规范经营者、制约不规范经营者。

1. 强化制度保障

本轮改革坚持安全第一、便民利民、开放竞争、公正廉洁的原则，出台了创新培训方式、加强培训管理、利用社会资源、改进考试组织、严格监督问责、提升服务水平等6个方面、27项改革任务，促进驾驶培训市场开放竞争、驾驶考试公平公正、服务管理便捷高效。为确保改革落地，两部联合印发了《关于做好机动车驾驶人培训考试制度改革工作的通知》（公交管〔2016〕第50号），修订了《机动车驾驶培训教学与考试大纲》（交运发〔2016〕128号）；交通运输部先后印发了《关于印发〈机动车驾驶培训先学后付、计时收费模式服务合同（示范文本）〉的通知》（交运发〔2016〕164号）《交通运输部办公厅关于贯彻实施〈机动车驾驶员计时培训系统平台技术规范〉和〈机动车驾驶员计时培训系统计时终端技术规范〉的通知》《关于发布〈机动车驾驶培训网络远程理论教学技术规范〉的公告（中华人民共和国交通运输部公告第64号）》，组织研究修订了《机动车驾驶员培训管理规定》（交通运输部令2016年第51号），进一步完善了行业发展制度保障。

2. 夯实监管基础

中国交通通信信息中心组织开发建设了全国驾驶培训数据交换与服务平台，30个省级驾培监管服务平台与全国平台完成系统对接，并实现了数据有效传输。交通运输部公路科学研究院运输车辆运行安全技术交通运输行业重点实验室组织开展了机动车驾驶培训网络课程评价，提升驾驶培训远程教育课程质量和服务水平。江西、内蒙古、浙江等地稳步推进驾驶培训与考试信息对接，广东交通运输部门与消委会联合发布消费警示。湖北、广东、山东青岛等地定期发布驾培行业市场供求信息及投资风险预警，引导社会资金理性进入驾培市场。江苏常州等地交通执法部门集中开展驾培行业执法整治。内蒙古针对学时造假问题下发了《内蒙古自治区交通运输管理局〈关于加强机动车驾驶员培训学时造假行为整治工作的通知〉（内交运管发〔2020〕16号）》。这些措施进一步夯实了行业监管的基础。

3. 推进协会共治

中国道路运输协会机动车驾驶培训分会组织举办国际论坛、理论教练员公益竞赛、校长研修班，凝聚行业力量，提升行业影响力。内蒙古驾培协会主动承接全区驾驶员培训监管服务平台的运维，协助主管部门构建驾驶员培训过程管理，建立25项严格的学时审核规则，通过数据分析及人脸比对，严格学时实时监管，确保全区“一把尺”，杜绝非法培训点。上海等地协会细化培训服务合同，配合管理部门全面推进“计时培训、先学后付”模式落地。湖南等地协会组织开展校长轮训、教练员岗前培训，提升从业人员整体素质。浙江等地建立以学员评价为主体的驾驶培训服务质量评价体系，发挥学员的监督作用。

4. 科技赋能发展

随着互联网、5G和人工智能技术的发展应用，一些新的技术和产品开始应用到驾培行业。人民交通出版社股份有限公司等单位集中优势资源开发了理论教学远程教育内容和平台。人脸识别、电子围栏约束、在线视频监控等方式广泛应用到计时培训、学时监管相关环节。以 VR 模拟器和 AI 教学辅助设备（俗称“机器人教练”）为代表的新兴技术和装备开始进入驾培行业。这不仅提高了规范化教学水平，提升了学员学车的满意度和体验感，还可以降低企业的人力成本。

二、面临的机遇与挑战

2004 年，《道路交通安全法》实施以来，驾培行业进入了一个高速发展的时期。截至 2020 年底，全国共有驾培经营业户 2 万户、教练员 87.2 万人、教学车辆 79.4 万辆。全国驾培市场虽然得到快速发展，但是总体上仍存在行业定位不准确、体制机制不顺畅、市场发展不均衡、行业信誉度不高、行业监管不适应等问题。同时，行业发展还面临很多内外部环境的新变化，机遇与挑战同在。

1. 市场准入制度改革

对驾培行业实施先照后证制度后，新修订的《道路交通安全法》和《国务院关于深化“证照分离”改革进一步激发市场主体发展活力的通知》（国发〔2021〕7 号）对机动车驾驶员培训又进一步实施了备案管理的改革，交通运输部也印发通知，对《机动车驾驶员培训管理规定》修订前机动车驾驶员培训经营备案管理工作进行了部署。行业市场准入制度的改革，一是对如何通过加强事中事后监管，确保行业发展稳定提出了新的课题；二是一定程度上改变了新的市场主体进入行业的方式，整个行业特别是现有市场主体要经历一个震荡期；三是对部分实施行政审批制度改革的地区工作职责和业务边界提出了新的要求。

2. 交通运输综合执法改革

深化交通运输综合行政执法改革，是新形势下推进交通运输治理体系和治理能力现代化的重要措施，也是加快建设交通强国的必然要求。但是改革后涉及执法过程中遇到的业务边界和职责权限问题，需要明确行政审批、行政监管、行政执法、发展服务的管辖业务范围和职权性质，做到事权清晰、分工明确，保证事有人管、责有人担。对驾培领域监管而言，需要明确基层行政执法的重点、方式、标准等，这些都对驾培行业的持续健康发展影响重大。

3. 行业自身发展不均衡

从全国看，东南沿海发达地区、中部地区和西部地区发展水平参差不齐，一、二、三级驾校比例还不合理。仅从收费标准来看，各地区的行业发展也极不均衡。这主要受经济发展、文化认知、行业氛围、营商环境等多方面因素的影响。各省的驾培监管平台建设速度不一，上传数据质量差异较大。福建、广东等地探索通过协会加强学费监管、托管，内蒙古驾培协会与银行合作搭建驾驶培训支付平台，推进驾培机构与银行签订《资金监管协议》，根据学员学车进度付费，确保学员资金安全，防控驾校跑路带来的市场风险。但很多地区对这些做法持观望态度，或者交流时积极，落实时因部分主体的反对而搁浅。很多行业同仁到东方时尚、上海荣安等驾校参观学习，但是鲜有将成功的经验融入自身经营管理中。

三、新形势企盼新发展

经过全党全国各族人民持续奋斗，我们实现了第一个百年奋斗目标，正在意气风发向着全面建成社会主义现代化强国的第二个百年奋斗目标迈进。伴随着交通强国建设的推进，驾培行业的发展也亟需一个公平竞争的市场环境。

1. 规范的制度保障体系

建立完善备案管理制度体系，严格按照国标要求备案，确保新老市场主体进入的规范统一。以健全计时培训制度，完善全国驾驶培训数据交换与服务平台，建立驾培监管系统和考试系统信息共享机制为基础，规范培训过程监管，形成全国监管数据“一张网”、全国驾培行业“一盘棋”，逐渐改变因地区发展不均衡、监管手段不规范、监管力度不一致、考试标准不统一而造成的市场混乱。

2. 规范的事中事后监管

备案管理模式下事中事后监管细则逐步明晰。明确对驾培机构奖励机制，合法合理运用政策法规进行资源优化分配，树立优秀驾培机构的品牌引领行业发展新浪潮。健全对计时设备生产商、计时平台开发商等行业发展相关企业的监督机制，确保行业发展的各个环节不处于真空状态。

3. 规范的教学组织保障

进一步推进《机动车驾驶培训教学与考试大纲》（交运发〔2016〕128 号）的落实，抓住重点岗位、重点人群和重点环节。一是搭建不同层次驾校校长学习提升平台，定期举办普法和综合素质提升培训班；二是建立教练员的岗前培训和继续教育培训的长效机制，落实驾校对招用教练员的主体责任；三是引导驾校为学员选购规范教材，通过网络远程教学、聘请专家直播等方式，集中优势资源开展理论教学集中服务，有效促进学员安全文明意识培养。

4. 规范的资金监管模式

积极探索由行业协会牵头，与银行等金融机构合作，建立统一的驾驶培训资金监管平台或支付平台，保障计时收费、先培后付的模式有效落地，有效规范驾培机构运营秩序，避免驾培机构压价揽客，提升社会公众对合法驾培机构的信任度及对非法经营者的辨识度，保障学员的自身利益。通过资金监管，统一纳税标准，促进公平竞争。

5. 规范的技术应用环境

鼓励通过先行先试等方式，逐步形成新技术新产品在驾培行业应用的产品标准、应用标准、监管规范等体系，将驾培行业打造成新技术新产品应用的示范领域。

6. 规范的协调共治制度

探索形成交通运输与公安、市场监管、税务等部门在行业监管中的协同共治制度，充分发挥行业协会管理、沟通、协调职能，以及学员和社会公众的监督作用，形成监管、服务、监督的全体系。

第三章　数智驾培

积极拥抱智能驾培新时代

闫文辉

摘　要

人工智能是引领新一轮科技革命和产业变革的战略性技术，将带领驾培行业进入智能学车新时代。

关键词

人工智能；驾培改革

人工智能与实体经济深度融合，是促进产业变革和新旧动能转换的重大战略。习近平总书记强调指出，人工智能是引领新一轮科技革命和产业变革的战略性技术，具有溢出带动性很强的头雁效应。2017年，国务院印发《新一代人工智能发展规划》。2019年《政府工作报告》提出“智能+”。随后，中央深改委发布《关于促进人工智能和实体经济深度融合的指导意见》，进一步推动智能经济加速崛起。随着人工智能上升为国家战略，全社会都在探讨人工智能对各行各业的应用和赋能，驾培行业迎来了智能学车新时代。

机器人教练引领智能驾培新时代。实车机器人教练培训是智能+

驾培的新模式，是驾培行业转型升级的核心驱动力。目前，实车智能机器人教练已在全国30个省（区、市）推广应用，释放大规模“智能红利”，有效应对产能过剩、成本上升、疫情冲击等多重挑战，形成新的更大的增长点。实践证明，技术成熟的智能机器人教练与人工教练相比，培训更规范更安全更高效，降本提质增效，满足了新型消费和升级消费，“机器换人”的驾校普遍实现了质量效益双增。在疫情防控期间，智能机器人教练充分发挥“不见面”教学、“零触点”培训的独特优势，充当复训防疫排头兵，有力带动了行业全面复苏。

政策助力机器人教练应用迈进新阶段。许多省（区、市）交通运输和公安交管部门密集部署政策，推动机器人教练规模应用。新疆道路运输管理局早在2018年就发文认可机器人教练培训学时。广东省交通运输厅发文鼓励“应用人工智能等科技手段探索机器人教练的场地教学新模式”。山东省交通运输厅和公安厅联合发文，将机器人教练正式纳入驾校资格条件，规定“一个机器人教练”视同“一辆教练车和一名教练员”，冲破了原行业标准的束缚，打通培训和考试管理全链条“堵点”，为推广机器人教练打开绿灯。河北省道路运输管理局出台《关于推广人工智能机器人教练促进驾培行业转型升级的指导意见》，从政策引领、示范推动、《标准》规范、学时监管、优化环境、精准突破6个方面提供系统的政策支撑，引导驾培行业向智能化转型。内蒙古自治区交通运输管理局在各盟、市选择15所驾校试点机器人培训，以行政驱动加快智能驾培落地。北京、湖南、江苏、上海等地也逐步开放机器人教练培训的“绿色通道”。随着利好政策陆续落地，机器人教练大面积推广指日可待。

当前，驾培行业由高速增长阶段转向高质量发展阶段，由“无疫发展”转向“带疫发展”，正处于转方式、调结构、换动能的攻关期。新形势新变化，使驾培智能化驱动成为一个“必选项”。我们要主动谋变，依靠智能创新育新机开新局。

第一，以主人翁精神，积极拥抱智能驾培新时代。机器人换道超车，步入智能化“快车道”，是重塑市场竞争新优势的战略抉择，是化危为机、突破重围的有效途径。许多驾校并不是不想搭上智能化转型的“快车”，而是受到发展理念、自身资本、人才储备等限制，“不敢转、不能转、不会转”。驾校要逆势求变，加速智能化转型。一是要以新的发展理念和战略性眼光看待智能化转型，解决“不敢转”的问题。时代在发展，科技在进步，不能墨守成规，裹足不前。要敢于“出圈”，打破条条框框，以敢为天下先的企业家精神，坚决转，快速转，抢占智能驾培制高点，勇当行业领军者。二是算大账，看实效，解决“不能转”的问题。一些驾校只看到购置机器人教练投入大，看不到回报快。以东方时尚驾校智能驾驶培训示范基地东区投入产出为例：购置安装机器人教练 260 台，30 名人机交互师带 260 台机器人培训，大幅度降低人工成本，一年即可回本。尝到甜头之后，我们又上了 600 台机器人教练，扩大智能培训规模，打造新的增长极、增长带。调查显示，全国应用高端机器人教练的近百所驾校，投资回报期普遍在一年左右。除此之外，还有拉动生源增长、提高考试合格率、缩短考试周期等隐性成本下降。不难看出，谁抢占机器人教练应用先机，谁就能获得核心竞争力的倍增效应。三是智能科技企业与驾校联手，搭平台育人才，优服务强支撑，解决“不会转”的问题。

第二，发挥超大规模的市场优势，发掘智能驾培新蓝海。我国网民数量超过 9 亿人，年驾培生源量近 3 千万人，年轻的学车主体偏好人机互动新体验，智能学车具有强大的市场需求支撑；拥有全球规模最大的完整驾培体系，近 2 万所驾校，为机器人教练提供多种的“练兵”场景，能够发挥规模经济优势；拥有海量的学员数据优势，数据挖掘和数据开发潜力巨大。我们要凭借这些独特优势，拓展智能驾培新空间，拉动新型学车消费新增量，打造发展新格局。

第三，抓紧完善机器人教练标准体系，建立质量安全新规则。应当看到，在推广机器人教练中暴露的一个突出问题是，由于缺少统一的标准规范，导致一些假冒伪劣产品流入市场，给培训质量安全带来重大隐患。这启示我们，对于应用机器人教练培训，既要包容审慎，又要坚守质量安全底线。制定统一的标准规范，是守住质量安全红线的重要保障，是促进智能驾培规范健康发展的迫切需要。李克强总理在全国“放管服”改革会议讲话中强调，对新模式新业态要量身定做包容审慎监管模式和标准规范。交通运输部运输服务司充分肯定了智能实车培训对行业转型升级的积极作用，明确要求认真研究相关政策标准，加快推广应用。河北省道路运输管理局率先引用国家标准委员会认可的《机动车驾驶实车智能培训系统团体标准》（T/ZGCJM 001—2019），指导驾校选用符合统一标准的机器人教练，保障产品质量和培训安全。各地可借鉴河北省的做法，筑牢机器人培训的安全防线。中道协驾培分会准备组织专家，研究制定实车智能机人教练团体标准，为规模化应用保驾护航，为行业监管提供抓手。

第四，积极争取政策支持，营造智能驾培新生态。李克强总理在全国“放管服”改革会议讲话中指出：“坚持对新兴产业包容审慎监管。现在创新型企业反映的一个突出问题是，新技术新产品等进入市场的‘临门一脚’踢得非常艰难。各级政府要本着鼓励创新的原则，量身定做包容监管模式和标准规范。”我们要深刻领会、坚决执行李克强总理的讲话精神，革除体制机制积弊，突破政策制约瓶颈，打开人工智能向驾培经济赋能的通道。建议各级主管部门把“放手”当作最大的“抓手”，多设“路标”，不设“路障”，以简政放权放出智能驾培活力。建议交通运输部修订现行政策法规，鼓励发展智能驾培。将智能机器人教练纳入驾校开业标准，认可智能培训学时，抓好试点先行，出台行业标准，制定目标措施，做好舆论引导，加快建立包括政府、平台企业、行业龙头、行业协会以及驾校在内的联合推进机制，为实车智能培训等新模式、新技术创造厚实的成长沃土。

第五，以推广应用机器人教练为突破口，推动智能驾培跃升新台阶。要充分发挥实车智能培训模式的示范效应，大力实施传统驾培再造和新型驾培培育，让传统驾培升级换代，让新型驾培蓬勃发展。支持和引导驾校在培训、管理、服务、营销等核心业务环节应用人工智能新技术，实现培训管理网络化、培训服务数字化、培训现场无人化，全面提升培训经营智能化水平，打造行业转型发展的新引擎。

时代的荣耀属于创新者。放开思维“缰绳”，打破培训管理定势，以宽广的眼光看待新生事物，以宽松的政策拥抱智能创新，以锐意进取的精神推动机器赋能，就一定能打造创新驱动新引擎，领跑智能驾培新时代，腾笼换鸟，破茧成蝶，逆风飞扬！

抢滩智能驾培赛道 助推驾校数智化转型

马 宏

摘 要

驾培数智化转型是行业链接未来的必然路径，是驾培行业摆脱发展困境的得力手段，是驾培企业塑造核心竞争力的必然选择。驾培数智化转型即是利用数字技术实现驾驶培训行业服务模式、管理模式、运营模式、营销模式等全流程数字化、智能化。驾培数智化转型需要突破企业经营理念陈旧、战略短视以及监管滞后的多重困境，同时需要监管层面、行业层面以及第三方技术服务企业共同努力，促进驾培行业成功实现智能化转型，实现驾培行业健康可持续发展。

关键词

服务业数字化；驾驶培训；数智化转型

在以数字技术与各行各业融合发展为典型特征的数字经济时代，无论是生产性服务业还是生活性服务业，数字化、数智化转型都是行业高质量发展的必然趋势和路径选择。数字技术将为我国“十四五”时期服务经济转型升级和高质量发展注入新活力。服务业数字化、智能化也将成为助力实现“十四五”规划和2035年远景目标纲要中提出的“加快数字化发展，建设数字中国”目标的重要一环。2021年中国国际服务贸易交易会即是围绕“数字开启未来，服务促进发展”主题展开，凸显了数字技术在服务业发展中的重要作用，也奠定了我国服务业未来发展的总基调。

对于驾驶培训这个极其传统的服务业来讲，数智化转型的意义更是深远巨大。

第一，数智化是驾培行业链接未来的必然路径。驾驶培训行业是一个极其传统的行业，服务模式陈旧，既难以满足新消费群体需求，又难以共享时代和技术发展红利。

第二，数智化转型是驾培行业摆脱发展困境的得力手段。面对行业竞争白热化、人工成本高、内部管理难、服务水平低下等问题，传统解决方案已失效，亟需在全行业树立创新驱动发展的理念，借助数字技术的力量从模式、管理、运营、营销，实现全方位根本性创新。

第三，数智化转型是驾培企业塑造核心竞争力的必然选择。驾培企业的数智化转型，已不再是一种选择，而是一种生存之道，谁能及时快速地实现数智化转型，谁就能突围赢得发展的先机。发展理念和对趋势预判能力的差别也将成为判断驾培企业成败与否的根本标志。

一、什么是数智化驾培？

数智化驾培即人工智能、大数据、云计算、区块链等数字技术在传统驾培业的深度融合，在驾驶培训服务过程中，通过机器人教练完全替代人工教练，拓展施训者与受训者的感知、交互、认知、自省等，继而实现驾驶培训行业服务模式、管理模式、运营模式、营销模式等全流程数字化、智能化。数智化驾培既是驾培行业在数字经济时代的创新发展模式，更是行业借助于“数”与“智”的力量，将安全元素科学植入安全交通文明体系中的每一个个体，实现交通行业“以人为本”的发展理念。

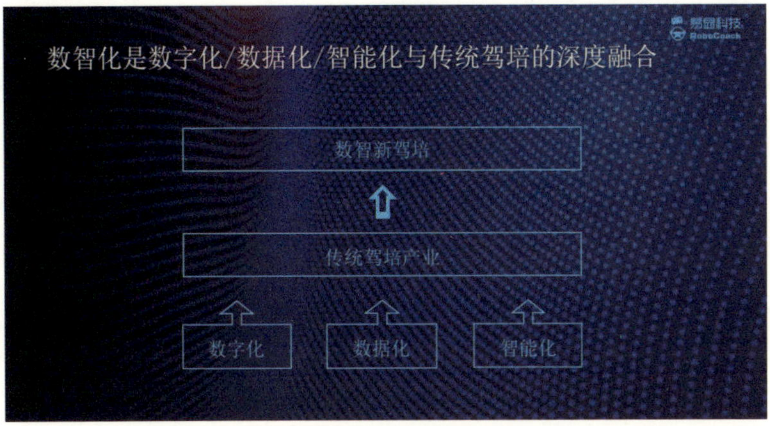

图 1 数智化驾培模式

对于驾培企业来讲，数智化驾培将实现运营模式创新，实现智教自练园区运营（图 2）。通过机器人教练以及 VR 模拟器等智能化设备，既可以实现 24 小时全程无人化自主训练，提高场地利用效率，同时也能够实现场景驱动的个性化教学，提高学员学驾体验，形成交通安全驾驶习惯强制性养成机制。

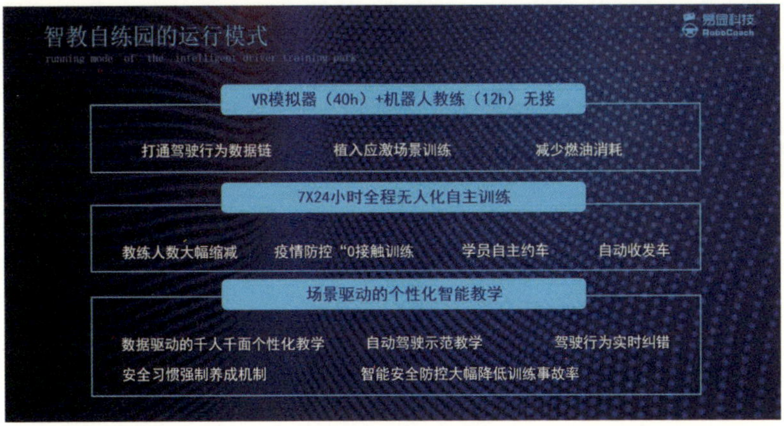

图 2 智教自练园运行模式

二、驾培行业数智化转型面临的困境

当前，我国驾培行业数智化转型面临的困境主要表现在两大方面：

困境之一：驾培企业对数智化转型的认识不足，缺乏创新精神。

旧经营观念是阻碍驾培企业数智化转型的第一障碍。首先，行业竞争白热化使得行业整体处于迷茫期，对行业发展缺乏积极预期，对驾培行业数字化转型处于观望阶段。其次，战略上短视，缺乏长期性战略思维。仅看见数智化转型短期高投入，而没有看见长期性回报，难以忍受数智化转型带来的阵痛期。据调查显示，全国应用高端机器人教练的近百所驾校，投资回报期普遍在一年左右。

采用机器人教练的驾培企业，在成功转型后，极大降低了运营成本。由于自动智能化学驾受到新生代学员追捧，最先完成数智化转型的驾培企业也成功实现了生源增长。我国年驾培生源量近三千万人，年轻的学车主体偏好人机互动新体验，智能学车具有强大的市场需求支撑。另外，轻松友好科学的驾驶教学模式大幅提高了考试合格率，实现显性和隐性成本双降。

在疫情防控期间，智能机器人教练充分发挥“不见面”教学、“零触点”培训的独特优势，充当复训防疫排头兵，有力带动了行业全面复苏。不难看出，谁抢占机器人教练应用先机，谁就能获得核心竞争力的倍增效应。

困境之二：驾驶培训监管方式的滞后性阻碍了驾培行业数智化转型。

智能化机器人教练完全替代人工教练是驾培行业数智化转型的核心表现形式，这种驾培形式是对传统驾驶培训模式的颠覆。众所周知，模式创新程度越大，遭遇的制度合法性质疑越高，进行数智化转型的驾培企业承担的政策成本和风险越高。监管方式的滞后性是阻碍驾驶培训行业数智化转型快速推进的重要原因。

机器人教练这一创新模式在大规模试验过后，也经受住了市场的检验。部分省（区、市）开始出台文件对机器人教练予以认可，图3即是部分省（区、市）出台的文件。但整体上讲，驾培行业数智化转型面临的政策障碍还较大，需要相关管理部门采取措施破除驾培行业发展的体制机制障碍，大力支持和鼓励驾培企业数智化转型，进行监管模式更新，提高智能化监管水平，以适应行业发展。

新疆维吾尔自治区
道路运输管理局文件
关于严格落实驾驶计时培训制度要求开展驾驶培训行业治理整顿工作的通知

山东省交通运输厅
山东省公安厅
山东省交通运输厅 山东省公安厅
关于推进驾驶培训监管服务平台与考试系统联网对接工作的通知

广东省交通运输厅文件
粤交运〔2020〕197号
广东省交通运输厅关于进一步完善机动车驾驶培训监管机制的实施意见

河北省道路运输管理局文件
冀运管驾〔2020〕32号
河北省道路运输管理局
关于推广应用人工智能机器人教练促进我省驾培行业转型升级的指导意见

内蒙古自治区交通运输管理局
内蒙古自治区交通运输管理局关于拟开展智能机器人教练试点应用的通知

深圳市交通运输局
深交字〔2021〕244号
深圳市交通运输局关于印发《深圳市机器人教练车试点方案》的通知

湖南省道路运输管理局文件
湘运管驾培发〔2021〕104号
湖南省道路运输管理局
关于开展机动车驾驶培训机器人教练应用促进我省驾培行业转型升级的指导意见

各市州道路运输服务中心、交通综合执法机构，长沙市机动车驾驶员培训管理服务中心：

为贯彻运输服务供给侧改革，认真落实关于推进驾驶人培训考试制度改革实施意见的精神，进一步深化省政府关于印发

（三）坚持标准，切实保障产品质量和培训安全。支持和引导驾校在培训、管理、服务、营销等核心业务环节应用新技术，提升培训经营智能化水平，增强驾培行业发展新动能。目前先行试用的驾培机构可暂时参考引用国家标准委员会认可的《机动车驾驶实车智能培训系统》（T/ZGCJM 001－2019）团体标准，文本查询可登录“全国团体标准信息平台”。各市（州）要跟踪指导驾培机构选用符合标准的机器人教练，保障产品质量和培训安全。

四、保障措施

（一）加强管理机构组织领导。各市（州）要把鼓励应用机器人教练工作作为助推我省驾培行业转型升级发展的重要抓手，建立健全工作机制，以实施“三高四新”战略谱写湖南新篇章为思想引领，加强组织领导，做好发展与安全、服务与

图3 各地出台政策文件支持驾培数智化转型

三、加快驾培行业数智化转型路径

为促进驾培行业及驾培企业数智化转型，适应数字经济发展，为我国服务业数智化发展做出行业应有的贡献，需要政府、行业协会、

驾培企业以及数智化服务企业共同努力。

第一，监管层面，建议大力支持驾培企业数智化转型。首先，应该树立驾培行业数智化转型的行业标杆，对积极探索数智化转型的企业予以政策支持。其次，鼓励国有大中型银行加大对数智化转型驾培企业信贷支持。驾培企业多为中小型民营企业，在数智化转型过程中，面临着较强的资金约束，应该加强对这些企业的信贷支持。最后，创新监管方式，及时对新型驾培模式给予认可，例如加强对智能机器人教练的学时认可，并在全国范围内统一监管标准，降低驾培行业的制度性成本。

第二，在驾驶培训行业和企业层面，应该实现经营理念创新，在驾培行业倡导企业家精神。观念落后和经营上的战略短视是阻碍驾培行业数智化转型的最大障碍。驾培行业已经进入数智化的新发展阶段，经济发展环境、技术环境、竞争环境、经营环境也发生了根本变化，驾培企业经营者更应该与时俱进，实现思维更新，积极借助数智化技术实现突围，打造企业的数智化经营能力。时代在发展，科技在进步，驾校负责人也不能墨守成规，裹足不前。要敢于“出圈”，打破条条框框，以敢为天下先的企业家精神，坚决转，快速转，抢占智能驾培制高点，勇当行业领军者。

第三，对于助力驾培行业数智化转型的技术服务企业而言，应该秉持技术长期主义，加强研发，不断提高对驾培企业的数字赋能能力。驾培数智化转型是一个系统工程，成功的数智化转型离不开第三方数字技术企业。只有深刻全面理解驾培企业经营模式的第三方数字技术服务企业才能开发出适合行业发展的数字产品和服务，构建驾培行业数智化生态，促进行业健康持续发展。不得不承认，机器人教练暴露出一个极为突出的问题——缺少统一的标准规范，一些质量低下的产品流入市场，给培训质量和交通安全带来重大隐患，因此也劝退了部分想要转型的驾校。推进数智化转型，应用机器人教练培训，既要包容审慎，又要坚守质量安全底线，需要技术服务企业有担当，负责任，将守护交通安全作为自身使命，开发出技术过硬的产品，接受市场的检验。

数据驱动下驾驶培训的探索与思考

赵晓华　胡　莹　丁　阳　何晨曦　伍毅平　刘　硕

摘　要

当前，我国道路交通事故预防形势依然严峻，其中由驾驶人导致的事故占比较高，驾培行业作为道路交通安全的第一道关，其培训质量的高低对经济发展、社会公共安全及人民生命财产安全有着举足轻重的作用。本文针对驾培行业重应试、重操作、轻意识的风气，提出了驾培行业数据驱动的驾驶培训平台框架，基于柯氏层次评估模型，对“VR+智能教练车”模式的科目二培训效果做了初步评价。研究结果表明，新模式下，学员驾驶水平和考试通过率得到了较大的提高，研究成果在为交通运输管理部门提供有效的培训过程监管办法、为机动车驾驶培训机构降本提效、为学员提供个性化精准服务等方面具有重大意义。

关键词

驾驶培训；培训效果评估；柯氏层次评价模型；VR；驾驶模拟器；智能教练车

一、研究背景及意义

近年来，驾驶人的构成逐渐趋于复杂多样，这使得汽车驾驶人成为道路交通运输体系中最具有主观性、也是最具有可塑性的一部分。2018年，全球有超过135万人死于交通事故，约5000万人受伤，其中，至少90%是由于驾驶人操作不当造成的。这主要与驾驶人安全驾驶知识匮乏（风险源辨识、盲区辨识、远近灯光使用）、遵守交通规则意识不强（随意变道、争道抢行）及应急情况处置能力较差（特殊路况及恶劣气象条件下操纵车辆不当）等息息相关。究其深层次原因，这与机动车驾驶培训行业紧密相关，即积弊已久的重应试、重操作、轻意识的行业风气。此外，驾培行业较低的科技投入也一定程度上导致了该现象的发生。

驾培行业作为道路交通安全的第一道关，具有极其重要的社会职能，其培训质量的高低对经济发展、社会公共安全及人民生命财产安全有着举足轻重的作用。然而，传统驾校因培训质量参差不齐而饱受诟病。一方面，在培训内容和培训过程中，大多数驾培机构将更多的训练时间用在科目二场地驾驶技能培训中，疏于对实际道路驾驶技能的训练，也忽视了对学员规则意识和安全驾驶习惯的培训；此外，因缺乏科技的大力投入，受限于场地和技术条件，隧道、山区道路等特殊路况、雨雪雾等恶劣气象条件以及应急处置等安全驾驶所需的技能与意识培训也是缺失的。另一方面，针对学员培训效果的评价十分主观且缺乏。学员主要依靠教练员的主观定性指导，而教练员素质水平参差不齐，行业主管部门对培养合格驾驶人的监管手段也比较单一，缺乏基于学员驾驶行为数据的培训效果客观量化评价方法。

现在，各级政府主管部门也在积极助推驾培行业的改革，为行业的数字化转型提供了新的机遇。《交通强国建设纲要》提出“推广智能化、数字化交通装备”，以及“推动大数据、互联网、人工智能、区块链、超级计算等新技术与交通行业深度融合，推进数据资源赋能交通发展”的发展目标；公安部、交通运输部《关于推进机动车驾驶人培训考试制度改革意见的通知》（国办发〔2015〕88号）提出“强化培训过程动态监管，督促落实培训内容和学时，确保培训信息真实有效”的具体要求；2020年，国务院安全生产委员会印发《全国安全生产专项整治三年行动计划》（安委〔2020〕3号），其中《道路运输安全专项整治三年行动实施方案》中明确提出，要“督促机动车驾培机构和教练员严格执行教学大纲，落实培训内容和培训学时要求，在驾驶培训考试中增加防范隧道事故和二次事故、应急处置、急救实训等内容，提高驾驶人职业素质能力。”这充分说明了机动车驾驶培训行业的改革势在必行。

对于驾培行业，基于驾培大数据实现监管由目标向过程的转变，是提升管理效能最直接有效的方法，同时，政府管理部门也能够及时获取学员的学习情况及培训效果；对于驾培企业，实现粗放式管理到精细化管理的转变，能够有效分配培训资源，降低运营成本，同时也能优化人力资源，更加合理地分配劳动力；对于驾驶人，基于驾培大数据，实现由传统到个性化的转变，生成“千人千面”的培训模式，能够精准提升学员驾驶技能并有效提高安全文明意识，帮助学驾人员充分了解自身知识盲点，有效提升学习效率，为最终降低违法及事故率提供强有力的基础。

二、数据驱动驾驶培训平台搭建

本文提出了数据驱动下驾驶培训的总体研究框架，如图1所示。基于社会心理学、计划行为理论、GDE培训框架等基础理论，本文搭建了“数据基础－培训模式－示范评估－推广应用－跟踪评价”的体系化层次化的驾驶培训范式。数据基础部分包含学员培训全链路的数据，旨在将学员培训前的主观问卷数据、个人属性数据与培训过程中的客观行为数据（自然驾驶＋模拟驾驶）进行融合打通，建立学员驾培的数据库，如图2所示。

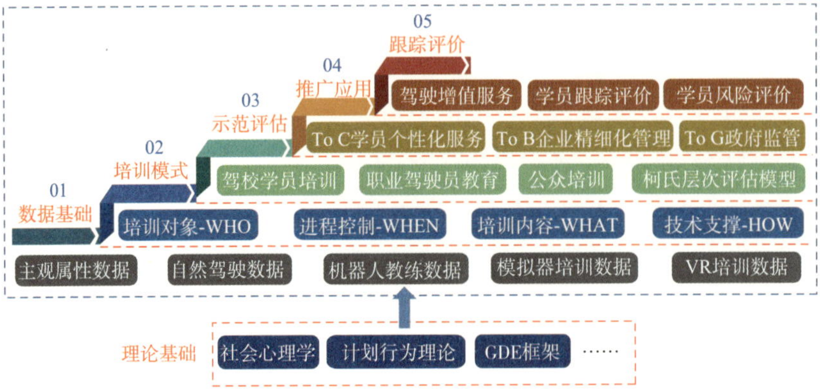

图 1　数据驱动下驾驶培训平台总体研究框架

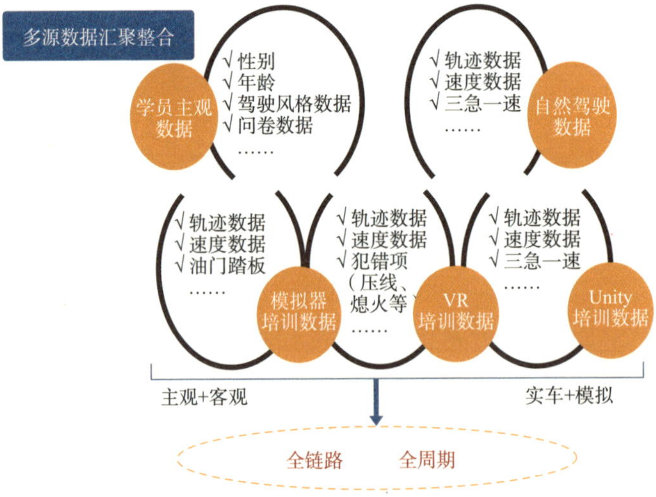

图 2　多源数据汇聚融合

图 3a）描述了“千人千面”培训模式的整体构建框架，主要包括 4 个部分：培训对象、进程控制、培训内容和培训手段。培训对象面向社会公众、职业驾驶员和驾校学员等，基于图谱等特征表达方法，将学员的基础驾驶能力、驾驶风格和安全意识等特征进行量化表达，帮助驾驶人了解自身特点，如图 3b）所示。培训进程包含培训前、培训中和培训后。培训前应对学员的学习风格等进行检测；培训中应对培训时长、培训频次和培训流程等进行动态优化调整；

培训后应对驾驶人进行跟踪调查，基于反馈数据进行更深层次的优化，如图 3c）所示。培训内容包含文字、图片、PPT 和驾驶模拟测试等形式，由大纲入手，确定培训知识点，进而确定培训脚本，如图 3d）所示。培训手段也逐渐向智能化发展，包括驾驶模拟器、VR 虚拟培训设备和 Unity 驱动的虚拟培训平台以及智能的机器人教练车设备，如图 3e）所示。

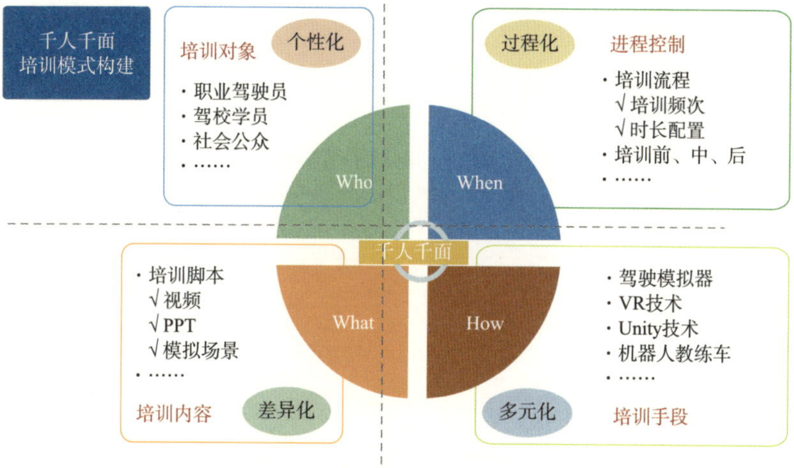

a) 千人千面培训模式框架

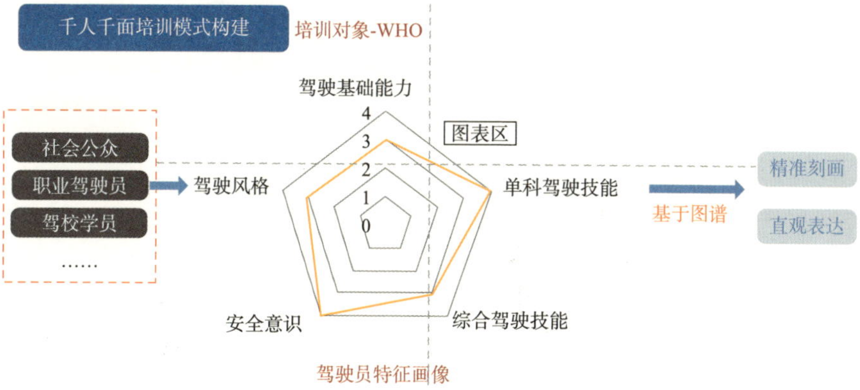

b) 培训对象

图 3

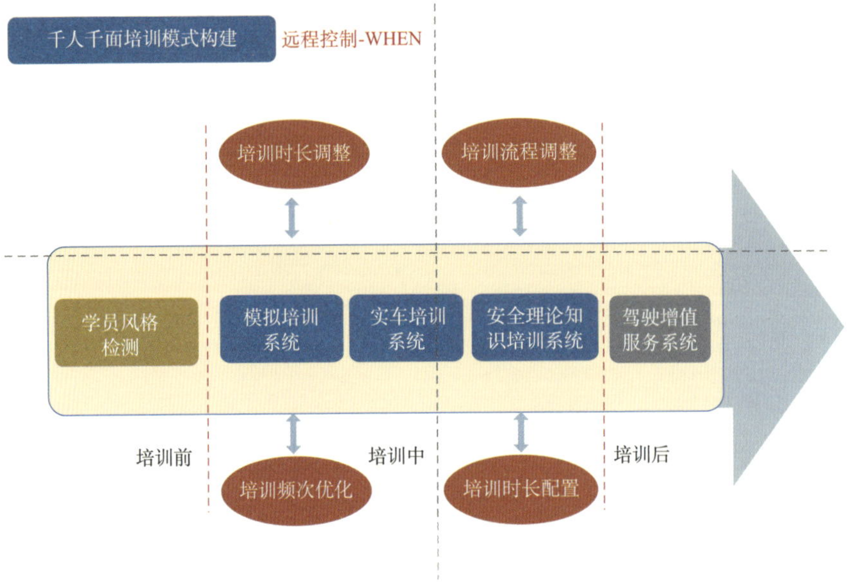

c) 进程控制

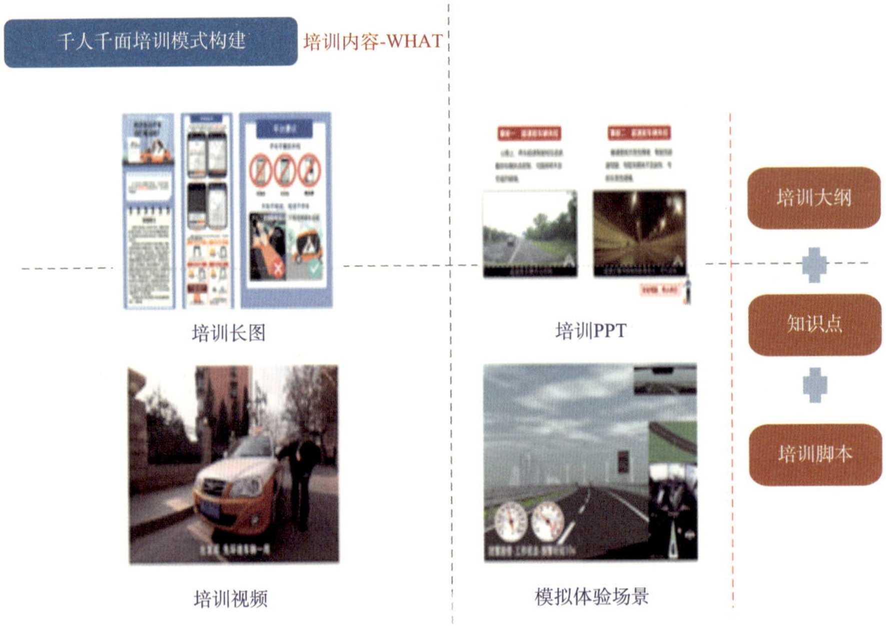

d) 培训内容

图 3

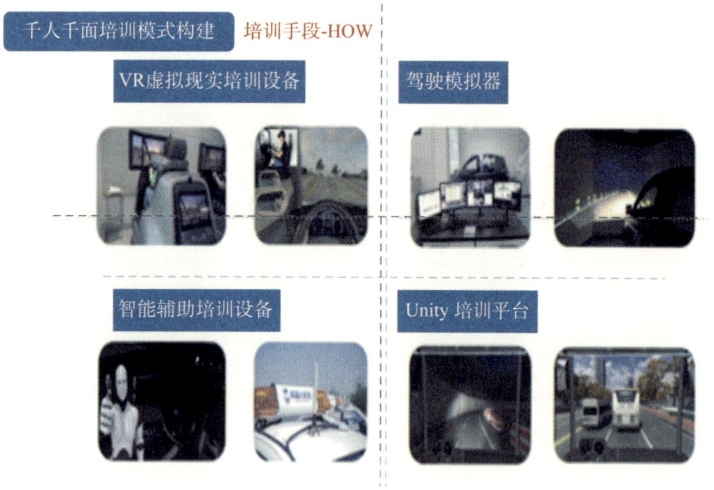

e) 培训手段

图 3　千人千面培训模式

图 4 描述了培训效果的示范评价，主要针对驾校学员、职业驾驶人和公众培训等，实现由过去定性评估到客观定量评估的转变，基于柯氏层次评估模型，从反映层、学习层、行为层和效果层搭建评价指标体系，反映层通过对培训效果及有用性的反映，关注参与者对培训的直接感受，学习层关注参与者在培训后对培训内容的知识、技能、态度等的理解和掌握程度，行为层关注参与者经培训后对自身行为的变化及培训中知识、技巧的运用程度，效果层关注培训带来的成效。

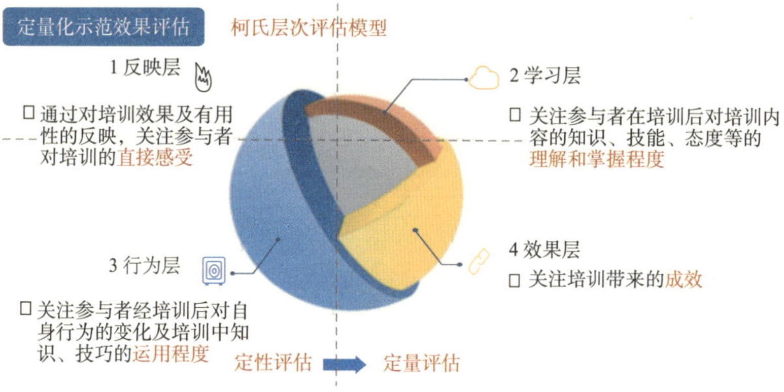

图 4　培训效果评价体系

对于推广应用，主要针对驾培行业的政府管理部门、驾培企业和机构、受训学员。对政府管理部门来说，能够助力政府相关部门对驾驶培训机构的监管，带动驾培行业相关产业的发展并促进相关驾培标准和规范的制定；对驾培企业来说，能够增强驾培企业精细化管理能力并提升信息服务品质；对于学员来说，能够帮助学员体验个性化和定制化的学车过程并进一步提升学员学车效率和安全意识。

针对学员的整个培训过程，在学员培训完以后还要构建驾驶增值服务系统，通过采集分析学员培训后的自然驾驶数据、事故数据和违章数据等，对学员的风险进行评估，决定是否对学员进行继续教育和针对性的培训，如图 5 所示。

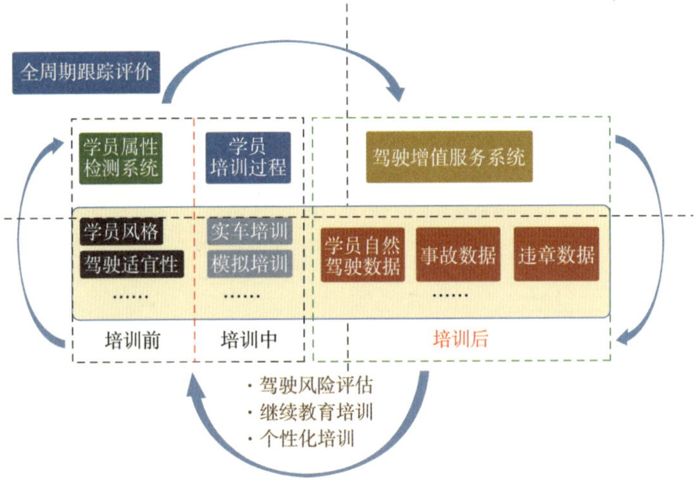

图 5　全周期跟踪评价

三、“VR+智能教练车”模式的培训效果评价

为了提高驾驶人的安全意识，增强驾驶人的驾驶技能，更加全面客观地评价学员的培训效果，本文依托东方时尚驾校智能驾驶培训示范基地项目，提出全面客观可量化的学员培训效果评价指标体系，初步探索了“VR+ 智能教练车”这一新型培训模式在科目二培训中的效果，为以后驾培行业的数字化转型奠定坚实的基础，但驾驶模拟器是

否可以替代实车培训的问题仍有待证明，研究框架如图 6 所示。

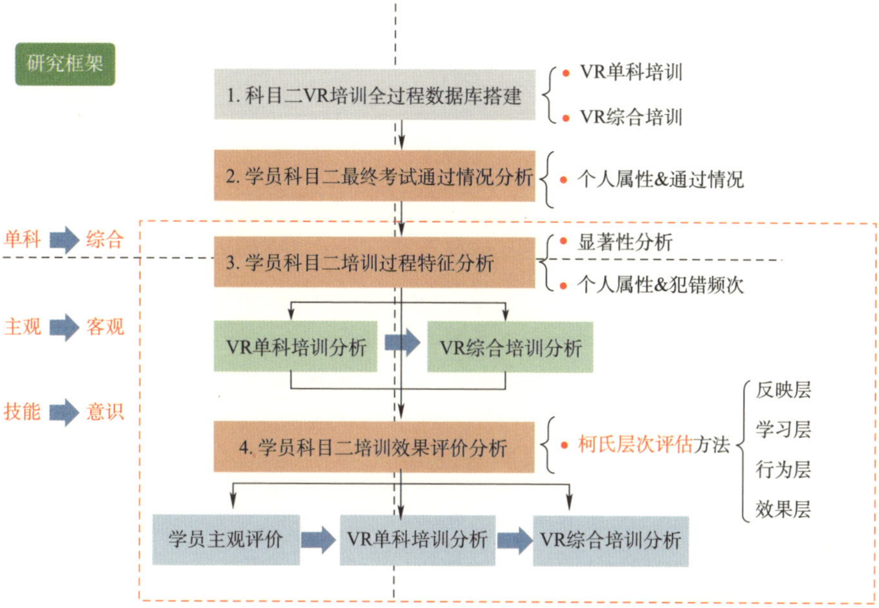

图 6　基于“VR+智能教练车”的研究框架

科目二 VR 虚拟培训场景如图 7 所示，共五个训练场景，包括侧方停车、坡道起步、直角转弯、曲线行驶和倒车入库。数据类型主要包括：学员情况统计数据、学员培训过程的轨迹数据、学员培训过程的过程数据和 JSON 格式的逐秒数据。

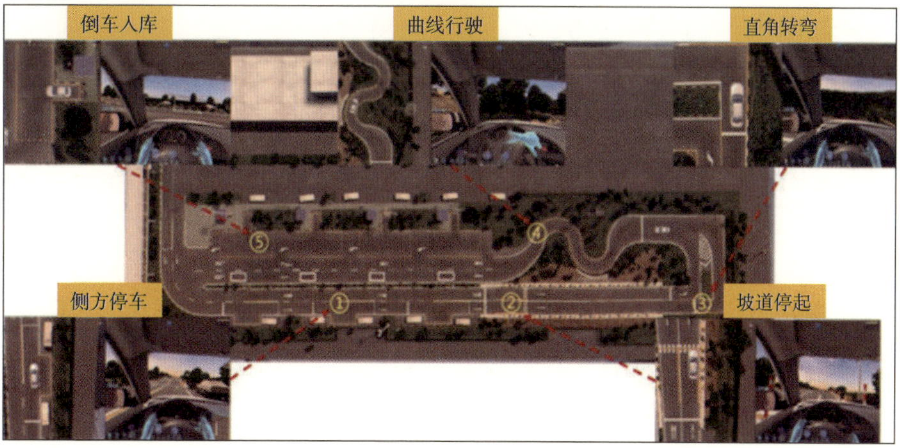

图 7　科目二 VR 培训场景

基于柯氏层次评估模型的培训效果评价

培训效果的评估历经了定性评估至定量评估的发展，其中影响最大、最广泛的是柯氏层次评估模型。该模型的评估标准分为反映、学习、行为、效果4个递进层次。其中，反映层通过对培训效果及有用性的反映，关注参与者对培训的直接感受；学习层关注参与者在培训后对培训内容的知识、技能、态度等的理解和掌握程度；行为层关注参与者经培训后对自身行为的变化及培训中知识、技巧的运用程度；效果层关注培训所带来的成效与变化。因此，本研究主要基于柯氏层次评估模型对学员的培训效果进行评价，如图8所示。

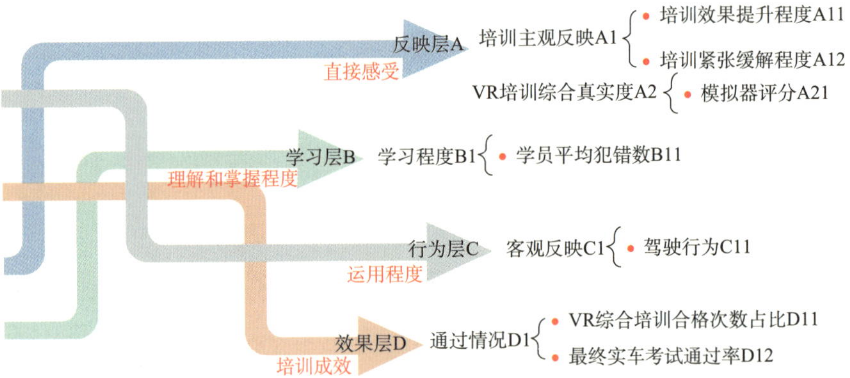

图8　柯氏层次评价理论框架

反映层

反映层的指标体系主要分为两方面，一方面是学员对于培训的主观反映，另一方面是学员对于VR培训过程中感受和操作的真实度的评价，如图9所示。

分析结果如图10所示，学员在完成模拟器训练后，参加实车训练时的紧张程度能够得到较好的缓解；学员完成模拟器训练后，对后续的实车培训效果的提升程度很大；通过学员的评价不难看出，模拟器的真实度可以较好地模拟自然驾驶时的真实水平。整体上，从学员的主观反映来看，VR驾驶模拟培训的效果较为良好。

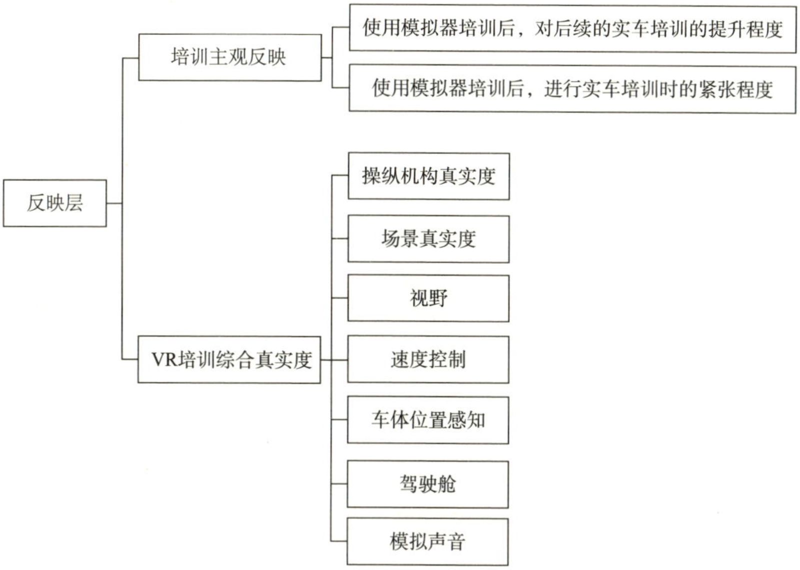

图 9　反映层指标体系

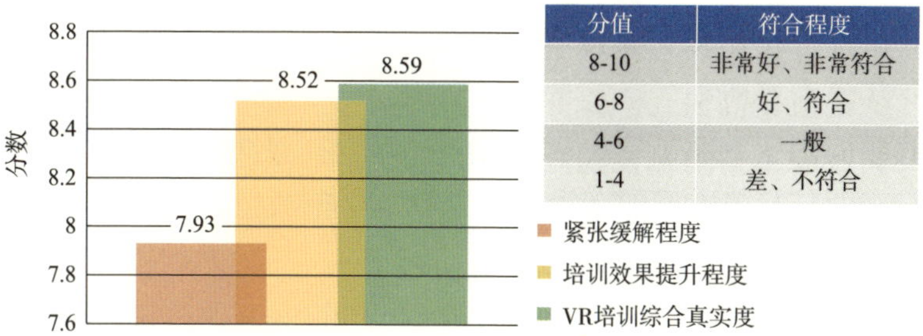

图 10　反映层得分

学习层

学习层主要通过纵向对比随着培训频次的增加，学员平均犯错数的变化情况。其中犯错项指标是根据“机动车驾驶人考试内容和方法”（GA-1026）标准中五个训练项目共 30 个犯错项来定义的，具体的犯错项如图 11 所示。

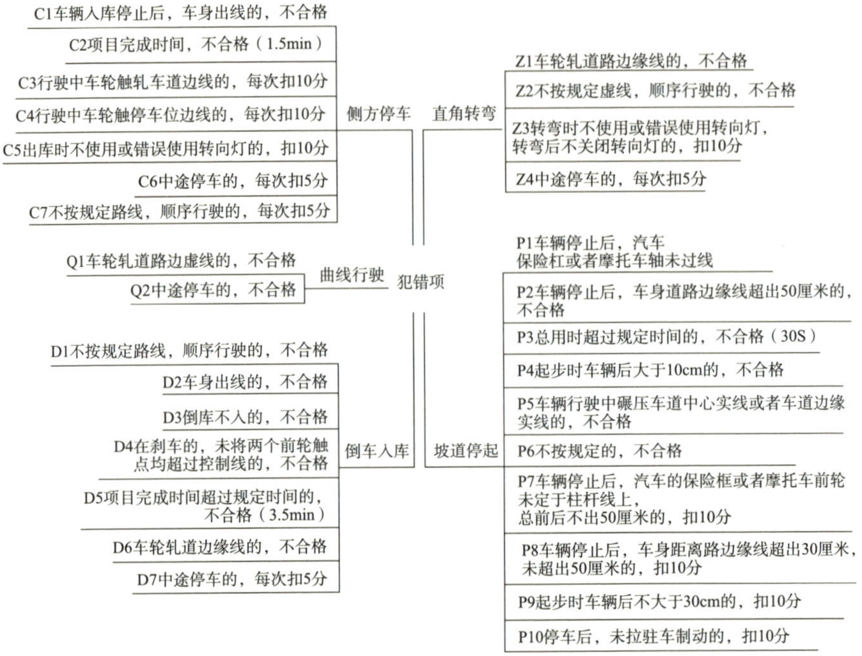

图 11　犯错项指标

综合看五个训练项目，平均犯错数的变化如图 12 所示。随着培训频次的增加，学员的平均犯错数呈下降趋势。由此可以看出，VR 综合培训对于学员在多方面的车辆综合操控水平的提升起着重要的作用。

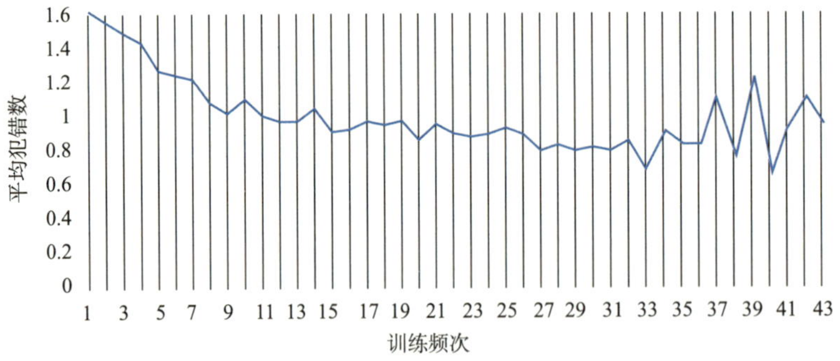

图 12　综合平均犯错数的变化情况

行为层

行为层的指标体系分为横向控制指标和纵向控制指标两个方面。

其中，横向控制指标包括方向盘转动过快次数和方向盘转动过慢次数；纵向控制指标包括平均车速、刹车次数、刹车均值、刹车标准差和离合标准差，不同的训练项目对应着不同的指标选择，最后利用熵权法，对不同训练项目进行数据标准化、信息熵计算、各指标权重计算和综合评分计算，各训练项目指标如图 13 所示。

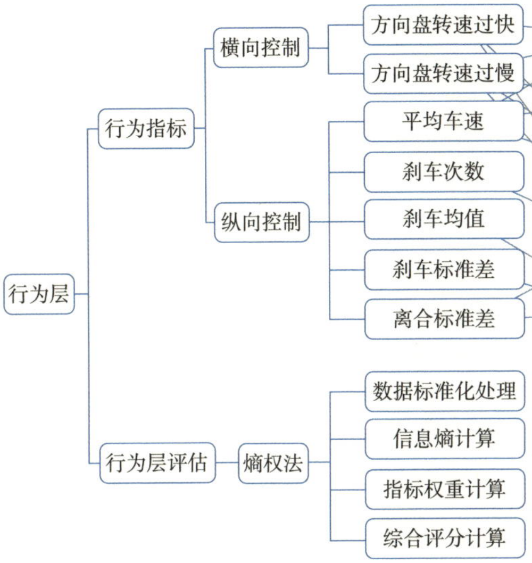

图 13　行为层指标体系

熵权法是一种客观赋权方法，用于度量信息论中的信息量。以曲线行驶为例，其信息熵、权重值以及学员评分变化情况如表 1 所示。学员的综合得分提高了 34%，由此可见，在曲线行驶训练中，学员在弯道行驶的驾驶熟练度得到提升，打轮意识也得到增强。

五个训练项目的行为层综合得分变化情况　　表 1

训练项目	指　标	信息熵	权重	综合得分		得分提升比例
				培训前	培训后	
曲线行驶	平均速度	0.96	0.77	0.36	0.48	34.23%
	方向盘转动过慢次数	0.99	0.23			
	刹车标准差	0.98	0.22			
	离合标准差	0.96	0.56			

效果层

效果层描述 VR 训练后所带来的实车考试通过率的提升。效果层主要通过纵向对比随着 VR 综合培训合格次数占比的增加，学员的通过科目二考试的学员数占比的变化情况，来反映学员的 VR 培训成效。其中，相关指标的计算如下：

$$（1）\frac{\text{VR 综合培训}}{\text{合格次数占比}} = \frac{\text{VR 综合培训分数} \geqslant 80 \text{ 分的次数}}{\text{VR 综合培训次数}} \times 100\%$$

$$（2）\frac{\text{通过科目二}}{\text{考试的占比}} = \frac{\text{通过科目二考试的学员数（VR 综合培训合格次数占比} > 0\text{）}}{\text{VR 综合培训合格次数占比} > 0 \text{ 的学员数}} \times 100\%$$

如图 14 所示，当 VR 综合培训合格次数占比达到 60% 的时候，学员最终科目二的考试通过率达到了 100%。由此可见，大多数学员如果能够在 VR 综合培训中较好地完成驾驶任务，那么学员的最终科目二考试通过率也能得到较大程度的提升。

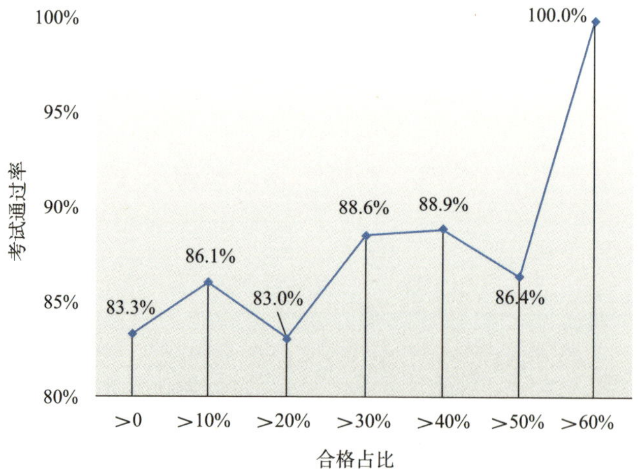

图 14　考试通过率的变化情况

四、结论与未来展望

本文通过分析学员科目二的培训数据，基于柯氏层次评价模型，搭建了综合评价指标体系，对驾校学员的培训效果进行评价。研究发现“VR+ 智能教练车”模式的培训效果在主观反映和客观行为在一定程度上是比较有效的，但仍缺乏学员的实车培训数据进行对比，因此未来将进一步采集智能教练车数据进行分析，验证 VR 培训是否比实车培训更有效。

虽然驾驶培训数据感知已经能够基于先进的定位系统和传感技术实现培训过程中相关驾驶行为数据的采集，但尚未形成完整链路，因此后续研究将基于科目一至科目四的全链条数据，对驾驶培训全过程的效果进行评估，实现对培训全过程的动态监管和量化评价，进而建立面向学员个体特性和驾驶培训特征的图谱，实现学员驾驶培训特征精准刻画和直观表达；此外，基于学员个体特性与培训特征图谱，能够建立培训频次和培训流程决策与优化模型，还可基于 VR 和驾驶模拟器设计恶劣天气、危险源辨识等典型驾驶场景，提高学员安全意识和应急处置能力。

驾培行业网络远程教学探索实践与创新发展

顾燏鲁　陶婉婧　余南强　罗鹏程　董相勇

摘　要

面对机动车保有量的持续增长和日益严峻的道路交通安全形势，驾培行业迫切需要解决网络远程教学监督评价体系缺失、监管效能低下、大纲应用脱节、课程质量不佳等诸多问题，亟需加快推进“互联网+”技术与驾培行业的深度融合，从完善过程质量监督、教学大纲调整、课程质量提升、技术应用迭代升级等多方面入手，破除壁垒，推进驾培网络远程教学创新发展，为持续保障驾培质量，促进驾培行业向素质教育转变贡献力量。

关键词

驾培行业；网络远程教学；监管；创新发展

随着汽车工业发展和经济社会的高速进步，学驾需求得到快速释放，驾培行业成为人民追求美好生活的基础性产业。在服务民生和经济建设的同时，提升驾驶人安全文明意识，助力驾培行业转型升级，建设高质量驾培行业，从源头上保障道路交通安全显得十分重要。

一、驾培行业网络远程教学应用现状

1. 政策层面支持

以前的驾驶理论培训普遍采用线下课堂教学，培训时间和地点相对固定。如今，随着互联网、信息技术的发展和教学手段的多样化，驾驶理论培训不再拘泥于传统集中教学模式，网络远程教学在驾培行业逐步得到应用。

2008 年，江苏、福建等省份部分地市试点开展道路运输驾驶员网络远程继续教育，效果良好。2011 年，交通运输部关于印发《道路运输驾驶员继续教育办法》的通知（交运发〔2011〕106 号）明确：道路运输驾驶员继续教育可应用经交通运输主管部门备案的网络远程教学形式，直接推动了网络远程教学在道路运输驾驶员继续教育中的广泛应用。

2017 年 12 月，交通运输部发布《机动车驾驶培训网络远程理论教学技术规范》（交通运输部公告 2017 年 64 号），明确规定了驾驶培训网络远程教学的理论培训课程和教学平台的技术要求，为网络远程教学在驾培行业的推广应用奠定政策性技术基础。[1]

2020 年新冠疫情突发，诸多行业在线办公运营几乎成为唯一选项，驾培行业也不例外。如今，疫情零星散发和局部暴发的风险依然存在，驾培行业应当充分利用网络远程理论教学技术优势，为疫情影响下的驾培正常化运行提供技术支撑。

网络远程教学可突破时空局限，利用碎片化时间，为学驾人节省时间和交通成本；为驾校运行提升管理效益；为行业监管痕迹化、智能化管理提供数据支撑。

2. 驾培行业现状

（1）行业供需失衡，市场同质竞争日益激烈

经济社会和汽车工业的不断发展，直接带动了我国机动车保有量、驾驶人数量和学驾需求量的快速增长。公安部数据显示，截至 2020 年，中国机动车保有量达 3.72 亿辆，同比增长 9.4%；机动车驾驶人数量达 4.56 亿人。

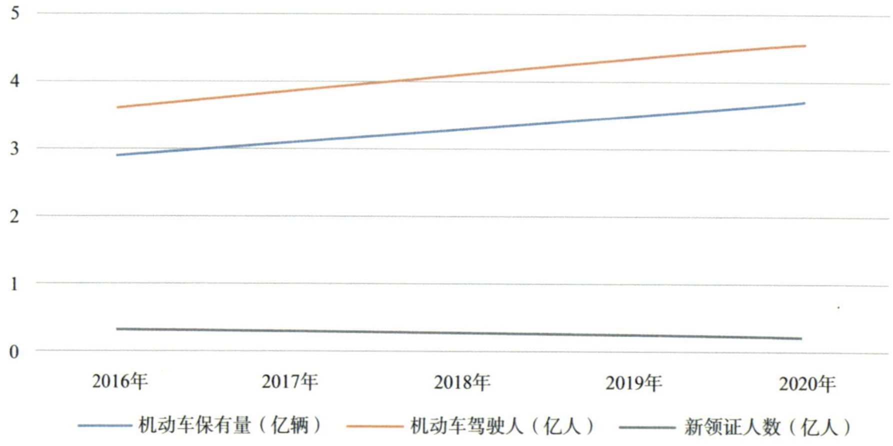

图 1　2016—2020 年中国机动车保有量及驾驶人人数

而《中国驾培行业发展报告 (2020)》指出，从 2009 年到 2019 年，驾校数量保持稳定增长。截至 2019 年，全国共有驾校 19491 户，同比增长 679 户，增幅 3.6%。[2]

上述数据可以看出，在新领驾驶证人数缓慢减少，学驾存量被逐渐消化的同时，驾校数量和培训能力却不减反增，驾培行业供需失衡，市场同质化竞争日益激烈无序。

（2）安全形势严峻，培训效能提升需求迫切

近年来，我国因道路交通事故伤亡人数持续居高不下，2019 年因道路交通事故死亡 62763 人，受伤 256101 人，安全形势不容乐观。驾驶人对法规的敬畏心不强、安全意识淡薄、危险源识别与应急处置能力不足等问题，导致不按规定让行、超速行驶、违法上道路行驶、疲劳驾驶等交通违法行为屡禁不止。因此，改进交通安全教育手段，

全面提升驾驶人特别是新驾驶人综合素质，显得尤为重要。

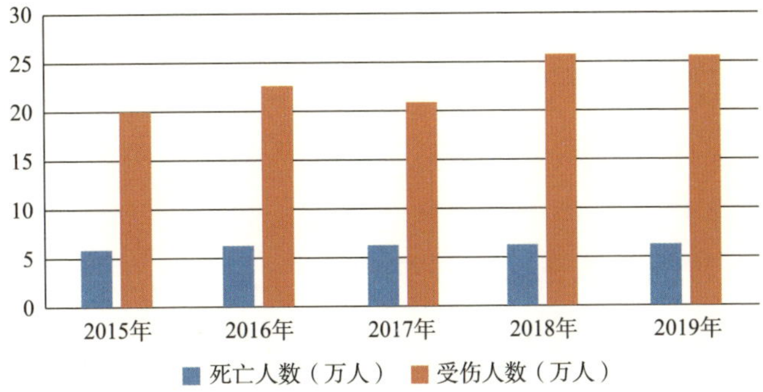

图 2　2015—2019 年中国交通事故死亡和受伤人数

（3）学驾群体年轻化，服务需求多样化

从年龄维度看，35 岁及以下的学驾人群体占比已超 40%，未来还会更高，正向年轻化方向发展。年轻人拥有较强的网络社交信息获取能力，会更加关注驾校的口碑和品牌。面对这部分群体，驾校教学过程更需因人施教、品质服务。

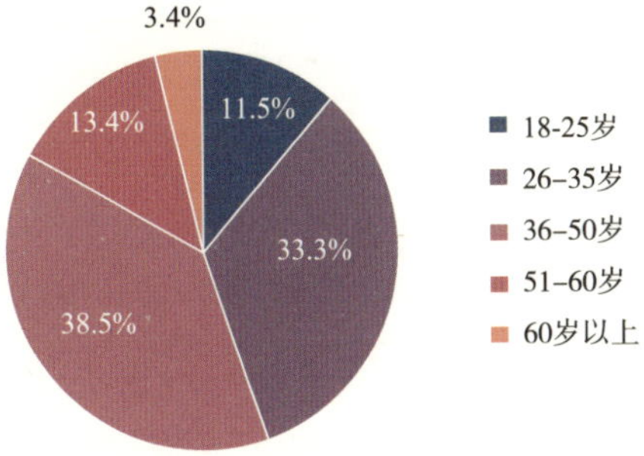

图 3　2020 年全国驾驶人年龄分布

当前，我国开放了 70 周岁以上人群学驾，学驾群体更趋多样化。不同群体的学驾人因年龄、性别、受教育程度、接受能力和追求等不同，对学驾服务需求也各不相同。

（4）理论培训重视度低，监管机构宣传不到位

驾驶人安全文明素质直接关系到全社会交通安全水平和文明程度。做好驾驶人培训与考试工作，培养安全文明的高素质驾驶人，是

夯实道路交通安全的重要基础保障。现阶段，驾培行业应试教育现象严重，唯结果论，注重考试通过率，以拿证为最终目的。有相当一部分驾校的理论培训阶段，仅提供模拟题库训练，“刷题不教”“技巧刷题”，不开展系统教学，理论培训名存实亡。行业监管重实操，轻理论，许多地方甚至放任不管。理论培训的重要性宣传缺失，“按纲施教”监督缺位。

3. 驾培行业的未来发展趋势

驾培行业的核心业务是培训。因此，改变驾培行业当前“唯学时论”局面；促进“应试教育”向“素质教育”转型；充分应用“互联网+”、VR、AI 等技术手段，建立完善培训过程和质量评价溯源机制，不断提升培训质量和驾驶人综合素质是驾培行业发展的终极使命。

2015 年，国务院印发《关于积极推进“互联网+”行动的指导意见》（国发〔2015〕40 号），推进互联网与传统行业融合发展，促进了互联网技术在驾培行业中的应用。未来，互联网教学、VR、AI、云计算、大数据、新能源等先进科技将不断赋能驾培行业提质增效，推动驾培行业向规范化、专业化、系统化、智能化发展。

二、驾培行业网络远程教学应用存在的问题

网络远程教学虽较线下课堂教学效果稍胜一筹，但无论何种方式，教学效果与教学目标尚存较大差距，其在驾培行业中的应用更是遇到了一些亟需优化的问题。

1. 缺乏培训过程和质量评价体系，行业监管力度短弱、形式化严重

当前，切实有效的培训过程和质量效果评价机制的缺乏，降低了对驾校理论培训内容、学时和课程质量等符纲性审查要素的行业监管力度；信用体系和联合惩戒机制的有效约束的缺乏，依赖于行业自律和驾校自觉，致使部分驾校挂靠经营，低价倾销、捆绑收费、

学时造假，行业市场不正当竞争严重；驾校和教练员市场准入条件的低下和行业规制手段的短弱，极大地削弱了网络远程教学价值，也为“唯学时论”提供了广泛、廉价、便利的生存空间，对本已低弱短缺的交通运输执法力量面对驾培的普遍违法行为纠正提出了新的重大考验。

2. 应试教育严重，现行教学大纲与实际应用脱节

受考试指挥棒影响，培考衔接不良，应试教育严重，致使现行《机动车驾驶培训教学与考试大纲》（以下简称《教学大纲》）与实际应用脱节。驾校教学“重实操、轻理论”，注重考点教学，忽视综合培养，驾驶人对核心技能的理解和掌握程度有限，无法学以致用，缺乏敬畏法律、安全驾驶的核心意识，且囿于教练员传授水平，内容讲解不系统透彻，严重影响培训质量效果，难以实现《教学大纲》推行素质教育的目的。

相关服务商的网络课程与《教学大纲》的衔接水平高低不一，知识体系不完整，内容生产能力有限，缺乏与培训类别相适应的教学规律研究，教学计划、内容选择和课时分配随意，协调性差，网络远程教学效果差强人意。

3. 课程学习效果不佳，质量水平不高

受困于市场各种因素，驾培行业的网络远程教学普及水平还很低。部分服务商的网络课程完全采用视频录制方式，起不到画面辅助学习效果，形式单一，枯燥乏味；通篇文字、图片素材、简单教学录像或同一画面长时间停留等教学素材的堆砌，缺乏应有的吸引力和视觉感染力，表现能力弱；图片、动画等选用的教学素材与内容关联性低，画音不同步；趣味性不够，难以激发学驾人学习主动性，亟需不断更新和提升内容表现技巧，以适应和满足各群体学驾需求。同时，部分服务商缺少专业的课程研制团队，课程质量参差不齐，课程质量水平不高。

三、驾培行业网络远程教学的通安探索和实践

北京通安信息技术有限公司成立十年来，始终以普及安全驾驶知识、提高驾驶人素质为己任，为道路运输行业提供在线培训教育一体化解决方案，并围绕相关产品服务持续开展优化创新，取得了一定的成绩。

1.通安网络远程教学在驾培行业的探索与创新

（1）课程顶层设计力求宏观科学、形成体系

致力于驾驶人全生命周期的一站式培训教育服务，对驾培相关业务知识经过系统研究，通安已经建立起以独立知识模块为基础的课程知识体系，通过知识体系分类解析形成具体知识点，再科学组织知识点，分类加工形成不同课件模块后组装形成专业网络课程，以丰富、完善驾驶人网络远程教学课程体系。

（2）课程内容力求遵循大纲、高质输出

坚持以部颁《教学大纲》为依据，基于“理论研究-内容转化-学习应用-效果评估-反馈提升”的闭环流程机制，科学规划内容和学时安排，注重教学设计、素材选用、内容解析和应用反馈每一环节，研制开发各类网络课程，不断优化提升课程输出质量。

（3）课程呈现力求形式多样、生动有趣

平台采用丰富多样的多媒体课件来展现精良的网络课程，借助视频、3D、2D动画、flash动画、示意动画、幻灯片讲解、实景案例、图文图表、专家讲解等多样化表达方式，以生动活泼的呈现技术与教学内容密切结合，增加网络课程的学习趣味性和主动性，尽可能让学员寓教于乐中主动完成学习。

此外，平台配套权威题库，为学驾人提供各类练习和模拟考试，随时巩固和检验学习效果，还提供法律法规、行业最新资讯、防御性驾驶知识、典型案例、警示教育等公共内容，向社会分享安全驾驶知识，助力全民交通安全意识养成。

（4）平台技术力求持续优化、有效保障

持续提升PC端应用体验，不断拓延移动端应用，实现“一个账号，多端切换、同步记录、流畅学习”。应用云计算、活体身份验证、异地容灾备份技术，有效解决大容量高并发、学习轨迹监控和数据安全等问题，客观、公正、准确地记录学驾人的学习时间、学习进程和学习内容，降低管理成本，保障教学监督管理。

持续提升学习体验感，运用多运营商机房网络加速、CDN加速、云视频服务等技术，有效解决多运营商服务环境下的网络视频播放卡顿问题。通过人脸识别严格学习控制，有效阻隔他人代学、快进播放、离机前挂机、同一环境多学员挂机、同一学员多环境挂机、浏览器多标签学习等作弊手段，保障学时真实有效。

（5）参与行业规范研究起草、引领发展

2016年，通安公司联合交通运输部公路科学研究院、江苏省交通运输厅运输管理局等单位共同编制江苏省地方标准《道路运输行业网络远程教学平台技术规范》（DB32/T 3135—2016），目前，该规范为全国迄今为止唯一一份网络远程教学行业应用的地方性标准。2017年，公司参与编制交通运输部《机动车驾驶培训网络远程理论教学技术规范》（交通运输部公告2017年第64号），为引领驾培网络远程理论教学规范、自律、健康发展起到了应有作用。

2. 网络远程教学在具体实践中面临的困境

（1）行政壁垒

“培考分离”与属地管理体制下的行政监管差异产生的行政壁垒，使得优质网络远程教学服务商需克服更多非市场因素，才能进入市场服务，市场逆淘汰和利益强制分配严重，阻碍网络远程教学服务的良性竞争和持续发展。

（2）市场壁垒

对驾驶理论培训重要性的普遍不重视，行业监管乏力甚或缺位；传统集中教学和“刷题代学”、计时平台服务商以次充好，以免费名义捆绑服务实施不对称竞争，形成强大市场壁垒；同时近年来驾培行业整体效益差，市场竞争激烈，驾校选择服务商时更多关注成本价格，使得优质网络远程教学服务商进入市场的难度增加。

（3）技术壁垒

随着“互联网 +”技术的不断进步，驾培行业的服务范围和服务要求也不断延伸和提高，对技术升级和更新提出更高要求，网络远程教学技术能否与行业发展同步，能否与政府监管衔接顺畅，智能化、科技化的衔接管理措施能否运用到位，制约了驾驶培训网络远程教学的持续应用与发展。

（4）政策壁垒

目前虽有《机动车驾驶培训网络远程理论教学技术规范》（交通运输部公告 2017 年 64 号）为网络远程教学的驾培行业应用托底，但因该规范行政规格低，缺乏有效的管理法规和行政手段加持，无法成为全行业共同遵循的基础性标准，使得市场上网络课程鱼龙混杂、优劣并存，难以形成优胜劣汰的竞争机制，制约了驾培网络远程教学优质课程的研制与输出。

四、促进驾培行业网络远程教学创新发展的政策建议

1. 完善驾培过程监督和质量评价机制，保障培训效果

基于网络远程教学的数据化、痕迹化等特点，完善驾培过程监督和质量评价机制，有效开展培训过程监督和质量评价，充分发挥驾培网络远程教学平台技术的行业监管功能效用，为驾驶理论培训质量提供技术保障。

2. 落实按纲施教，合理配置培训内容与学时

加强驾驶行为数据收集、整理和分析，深度挖掘新驾驶人上道路前应掌握的安全驾驶知识和操作技能需求，强化安全意识养成。适时调整《教学大纲》，合理配置教学内容与学时。适当增加知险避险、应急处置、新能源汽车运用、智能交通等方面知识，减少道路交通安

全法规知识部分内容并纳入全民通识教育。落实驾校主体责任，强化培训过程和质量监督，确保驾校依据《教学大纲》开展教学设计，真正将教学内容与教学学时落实到位。

3. 增强学习主动性，推动向素质教育转变

从课程内容、叙事手段、呈现方式、技术保障、政策支撑等多维度入手，运用简洁明了、易于掌握的叙事手段，生动形象、易于接受的高融合多样化呈现方式，实时可靠的过程和质量监管技术，不断提升课程的实用性、趣味性和学驾人的学习主动性，促进学驾人安全文明驾驶习惯和安全意识的养成，着力推动驾培行业由应试教学向素质教育转变。

4. 打造绿色低碳驾培，助力交通强国建设

贯彻新发展理念、构建新发展格局。运用先进科技赋能行业，加速“互联网 +”技术行业应用，全力突破市场、行政、技术和政策壁垒，推广驾培网络远程理论教学，促进 VR、AI 实操智能教学技术转化，提升新能源教练车，全方位打造绿色低碳驾培，助力驾培行业转型升级、规范有序、健康可持续、高质量发展，对于服务建设交通强国具有重要现实意义。

简议运用互联网手段促进驾校经营模式调整

张天恩

摘 要

机动车驾驶培训行业一直都是一个非常传统的行业，因为市场环境常年相对稳定，广大驾校一直秉承传统理念，缺少有力的新兴传播营销手段。近几年，一方面市场供需关系反转，另一方面互联网，尤其是移动互联网的发展，驾驶培训这样的传统行业也必须正视这一系列变化带来的挑战和机遇。驾校需要学习互联网、了解互联网、利用互联网，调整经营模式，开放营销思路，为自己招揽更多的学员，更是为广大学员提供更加优质的服务、传播安全文明驾驶的正向理念。

关键词

驾校；驾校招生；驾校经营；互联网；抖音

机动车驾驶培训行业作为一个相对传统的行业，在过去二十多年的发展历程中，一直坚信着“酒香不怕巷子深”的理念，只要练好内功，就不怕没有学员上门。直到互联网的普及，尤其是近几年移动互联网的快速发展，驾培行业受到了前所未有的冲击。

从市场供需关系角度看，2006年，全国范围内注册驾校的数量仅为7275家，但到2019年底，增加到19741家。与此相对，人口红利已经消耗殆尽，每年新领证人数逐年下降，2020年全国新领证人数下降至历史低位2231万人，比2019年减少712万人，下降24.19%。供给增大，需求减少，大部分地区的驾培市场在过去几年间已经由卖方市场转变为买方市场。市场形势的反转是行业必须重视自身营销的一个重要前提。

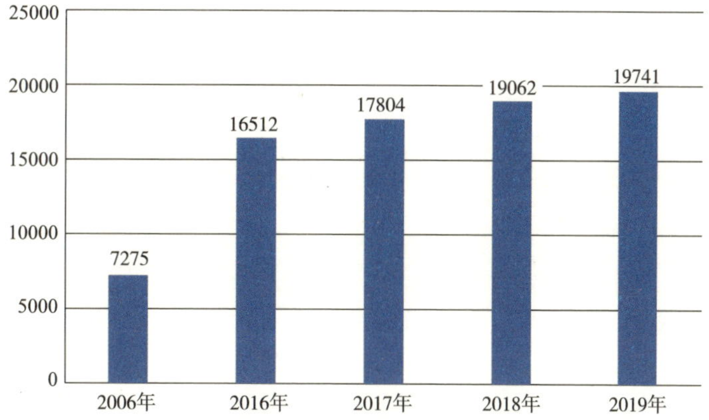

图1　全国注册驾校数量

从用户群体角度看，机动车驾驶培训行业的用户（学员）日益年轻化，18周岁至35周岁的学员已经占据学员总人数的70%以上，“80后”“90后”已经成为学车的主力军，尤其是“90后”的比例逐渐攀升。2020年全国学员的男女比例依然是男多女少，男学员占67.57%，女学员占32.43%，但是女学员的比例呈现出逐年上升的趋势，较5年前已上升6.7%。用户的年轻化给行业的互联网运用提供了一个机遇，因为年轻人更习惯于这些新的传播媒介，而非老一辈的口口相传。

鉴于此，机动车驾驶培训行业也必须摒弃传统的老观念，开始审视运用互联网的重要性。

一、互联网是驾校营销的重要手段

这点毋庸置疑，也已经在过去几年被广泛验证。前文已经描述过驾校用户的年轻化趋势，这与我国人口结构的变化和过去十多年中国整体汽车行业人口红利的消耗有关。现在越来越多的年轻人习惯于独立获取信息，而不是从亲戚朋友处寻求意见，这给很多商家的推广提供了便利，包括驾培行业。越来越多的驾校开始通过广告宣传的手段进行招生，无论是线下地推还是线上网络推广，都可以带来一定的成效。只靠口口相传来进行招生的驾校已经是凤毛麟角了。

这些年全国各地也涌现出一些所谓的“互联网驾校”，他们之中不少因为没有或者缺少实体支撑而倒闭，也有一些互联网平台为了牟利漠视安全，甚至违法违规，最终走向灭亡，但不可否认的是，他们在互联网工具的应用上是领先的，而且在互联网营销上都曾取得过阶段性的成功。

二、互联网宣传是建设品牌的主要推手

经过多年的行业沉淀后，越来越多的驾校已经从基础的招生、经营提升到建设自身品牌的高度。我们很高兴地看到全国各地都出现了一些“名牌”驾校，他们能够为学员提供优质的软硬件服务，无论是教学质量还是服务态度都远超平均水平，在广大学员和同行从业者中都获得了普遍认可。而这些“名牌”之所以成为“名牌”，主要得益于合理运用了宣传手段。

人们对一个事物的认知，往往是对关于这个事物所有信息进行汇总以后产生的一个综合印象。而这些信息的来源，大部分都是源于行业或者企业自身的。现在的宣传渠道很多，主流媒体、广告投放、网上意见领袖（KOL）、自媒体等等。大部分品牌驾校之所以得到大众

广泛认可，都是结合多种渠道进行多方位宣传的效果。当然，宣传要基于事实，不能夸大宣传，更不可虚假宣传。

三、互联网是推动差异化服务的新兴渠道

传统驾校在数十年的经营活动中已经逐渐形成固化的服务模式，这与宣传途径的贫乏有关，即便有不同的服务理念和服务项目，也难以有效地传播让更多人知晓，尤其是学车这种低频消费，大部分人一生可能只会经历一次，如果没有有效的途径在学员选择驾校之前就告知学员不同的服务，学员就难以做出最合理的选择。

互联网宣传的出现给驾校差异化服务宣传推广提供了可能性，驾校可以利用互联网广告宣传，将自身不同于其他驾校的服务理念和服务项目推送给潜在用户，这样可以激励驾校推出更好的学车服务，提升自身服务态度和服务质量，而非一味地通过降低价格招揽学员。

四、互联网宣传是传递行业正能量的关键阵地

在众多宣传途径中，互联网毫无疑问已经成为最重要的阵地之一，尤其在非官方宣传手段中，互联网已经成为第一宣传阵地，因此，互联网宣传是传递行业正能量的关键渠道。

驾校在宣传自身的基础之上，对传播行业动态、传递行业正能量也是责无旁贷。驾驶培训关系到驾驶人今后的驾驶行为习惯，进而会影响到整个社会的交通安全，因此驾培从业者的责任不仅在于招生－培训驾驶技能－毕业，更重要的是向学员以及社会大众普及安全文明驾驶的理念，传递驾驶培训行业对社会起了怎样的作用、尽了怎样的责任，让全行业得到更广泛的了解和认可，这是驾培行业从业者的职责。

在充分认识了互联网传播对行业的重要性之后，我们必须对如何运用互联网工具有所了解。

互联网在不停地迭代，互联网在中国二十几年的发展历史中，经历了三次迭代。第一代以搜狐、新浪、网易为典型，是没有交互的门户网站时代，本质上与我们熟悉的报纸杂志没有区别，网站给用户看什么用户就只能看什么，彼时的互联网宣传和纸媒时代一样，大多是硬广。第二代是以百度、阿里巴巴、腾讯为代表的“BAT”时代，开始有了交互，分别代表了搜索、购物、社交的需求，主流的互联网宣传途径是竞价排名和开设网店。第三代主要是源于移动互联网技术的发展和大数据算法的应用，最典型的公司是“字节跳动”，它有两个爆款产品“抖音”和“今日头条”。

随着互联网的迭代，从网络获取信息的门槛越来越低，信息的来源从早前的门户网站到搜索引擎，再到以抖音为代表的信息流 APP，用户之前需要对自己所需的信息进行主动搜索，但现在大部分手机 APP 已经可以读取用户的喜好，并主动向用户推送经过后台大数据分析得出用户所需要的内容，甚至可能比用户自己更了解自己。

基于互联网的变革，互联网宣传的方法也有了新的变化，除了相对传统的硬性广告投放和搜索引擎的竞价排名以外，还可以结合主流媒体、行业媒体以及自媒体进行宣传。自媒体是这几年的风口，在众多的自媒体平台中，最为重要的三大平台就是微信、微博和抖音。以抖音为例，根据 2020 年数据报告，抖音日活用户已经突破 6 亿，日均视频搜索次数突破 4 亿，从抖音 2020 年公布的数据来看，19~24 岁用户占 19%，25~30 岁用户占 24%，31~35 岁用户占 18%，即 19~35 岁用户占 61%，这与驾校学员的年龄重合度极高。抖音的传播方式极多，视频、短视频、直播皆有，抖音的多元性和可玩性创造了一大批 KOL 的诞生，他们以用户喜闻乐见的形式传播各自领域的专业知识，让我们看到了信息传播的多种可能性。汽车行业也出现了很多“大V”，带动了汽车销售和维保行业的系统性转变。目前，驾培行业还未出现有代表性的 KOL，在互联网发展的大势之下，这是一个很好的机会。

结合互联网发展的三次迭代，驾校可以从以下几个方面利用互联网进行推广宣传。

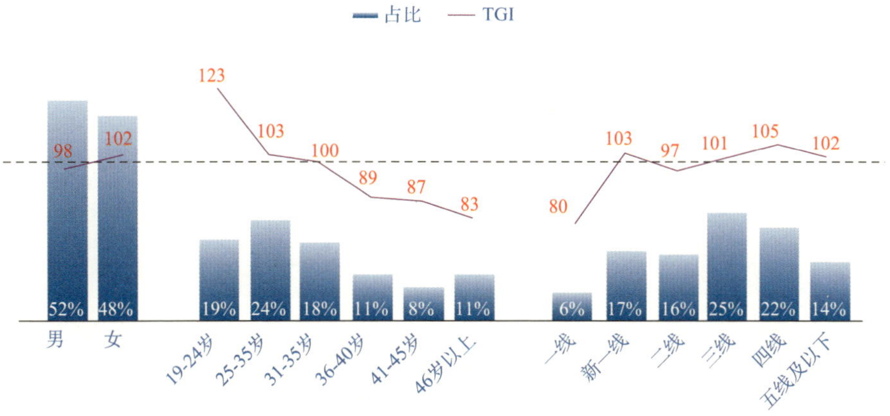

图 2　抖音人群画像

一是建立企业官方网站。官网是企业自我宣传的一个基础平台，优秀的网站设计和文案绝对可以提升潜在学员的好感度和信任感，是可以给企业加分的。建立企业官网后务必要及时更新维护网站内容，这样才能起到吸引潜在学员的效果。有了网站以后，驾校可以通过搜索引擎优化（SEO）、竞价排名等方式让学员更容易地通过搜索引擎找到自己。但不可否认的是，近几年这些推广手段面临越来越多的市场竞争，导致投入成本急剧增加，效果未必能够达到预期。

二是在电商平台开设网店。即便网店的风头看似已经过去，我们依然不能轻视电商平台的作用。大流量是电商平台的制胜法宝，网店运营得好，也可以给驾校开拓很好的招生营销渠道。关键是选择主流电商平台以及培养专业运营团队。

三是开设自媒体账号。优质的平台有很多，比如百度贴吧、知乎、小红书、微信公众号、微博、B 站、快手、抖音等。重点推荐的是“两微一抖”，即微信公众号、微博和抖音，尤其是抖音的可玩性更强。根据前文所述，抖音的用户年轻，愿意吸收学习新鲜的事物，驾校除了招生、培训驾驶技能帮助学员取得驾驶证以外，也兼具传播安全文明驾驶理念的责任，可以以此为切入点，以更加生动、有趣的视角向大众传播一些关于安全驾驶、文明驾驶的知识点。这些内容看似枯燥，但与我们日常生活息息相关，所以很容易得到大家的认可和关注。以公安部交通管理局官方抖音账号为例，作为一个官方账号，其生动的内容得到了非常多网友的青睐，截至笔者撰稿之时，其在抖音上已收获了 400 余万粉丝。驾校可借鉴这些官方账号的成功案例，将自己想要传播和表达的内容做好，得到广大学员的认可将是水到渠成的事情。

综上所述，驾培行业虽然相对传统，但也必须学习和接受新的传播方式，明白互联网对于行业的重要作用，了解互联网的发展趋势，顺势而为，利用好互联网工具做好宣传，提升服务，促进驾培行业的健康发展。

第四章　驾校运营

逆境求生——舟山驾培行业整合之路

薛利平

摘　要

驾培行业供求失衡，市场主体“多、小、散、弱”，低价低质竞争激烈、驾校经营举步维艰。舟山驾校逆境求生，抱团发展，实行市场化整合，公司化经营，质量效益明显提高，市场环境由乱变治，行业转型升级迈出新的步伐。

关键词

驾培行业；资源整合；驾校经营

“吃不饱饭才抱团”。这是舟山驾校抱团发展的原始动机。从这一点出发，舟山驾校走出了一条逆境求生的合作共赢之路。

舟山驾培整合前的场景，可以概括为5个字：“多、小、散、弱、乱”。舟山全市共有28所驾校，其中一级驾校1所，三级驾校27所，教练车768辆，教练员680余名。年培训能力近50000人，实际培训人数不足25000人，供大于求两倍以上。驾校布局极不合理，最密的地方一公里半径范围内有6家驾校。培训能力过剩导致恶性竞争，小车培训费跌至2000元以下，驾校到了捧着“金饭碗”讨饭的悲惨境地。超低价争抢生源，直接导致学时“缩水”，效益下滑，学时“跑马”盛行，挂靠招生成风。挂靠教练员价格欺诈、吃拿卡要现象时有发生，学员投诉、纠纷日益增多。驾培市场环境恶化，行业风险隐患丛生。不少驾校寅吃卯粮，负债经营。整合前大部分驾校经营亏损，有的一年亏损200万。有一所驾校拖欠员工工资数月，校长只好卖掉儿子婚房。全市2万多名积压学员的培训费，被校长提前花光。一旦资金链断裂，后果不堪设想。曾经有一个驾校校长因资金链断裂跑路，遗留3000多名学员培训无着落，酿成群体性事件，给社会带来不安定因素。

校长们痛定思痛，意识到驾校要生存，只有走联合之路，依靠集体力量渡难关、抗风险。从2015年底开始，我们从20家驾校中选择18家个体驾校进行整合（其余2家属于国有企业）。在市运管部门和驾培协会的引导下，启动整合进程。先后召开各种会议102次，统一思想认识，讨论各种整合方案。起初，驾校各自打着小算盘，意见很难统一。特别是在股权、场地好差、教练车新旧等事项上，很长时间达不成一致。后来，我们采取复杂问题简单做的办法。在达成整合共识的基础上，确定采用平均股合作。大家一致同意用教练车折旧入股。训练场地、办公设施设备等，待总公司成立后另行租用。具体办法是：①根据教练车折旧确定不同车型教练车基本价位，按每辆教练车10年报废期折算，多找少补，拉平股份；②将原来各驾校教职员工按55%的比例收进总公司；③所有驾校卖断挂靠的教练车，按照“谁卖断，谁收回”的原则，限期一个月回收，若超过规定时间，一律停止学员报名（主管部门支持）。到目前为止，舟山市没有一辆教练车是挂靠的，全部实行直营。如果各驾校没有按时回收挂靠教练车，挂靠教练满天飞，一盘散沙，无法整合；④各驾校多年来遗留的学员由总公司负责落实培训。测算一个学员培训结业所需费用，确立基本价，按各驾校遗留学员数量结算；⑤各驾校原有的教练车一个月内全部过户到新公司，原道路运输许可证在三个月内全部注销，工商营业执照按税务要求自行注销。

经过两年左右协调运作，17 所驾校重组为一所新型驾培集团（有一所驾校因场地拆迁赔偿暂未进入）。2017 年 7 月 16 日，经整合的舟山市圣岛驾培联合公司宣告成立。

联合公司压缩产能，规范管理，优化服务，稳定市场，转型发展迈出新的步伐。主要体现在四个方面：第一，培训经营管理规范。实行“八个统一”：统一报名、统一收费、统一品牌、统一经营模式、统一教学标准、统一安排培训、统一组织考试、统一车辆维修；第二，去产能，促转型。整合初期，公司共有各类教练车 538 辆，32 块训练场地。按年培训量计算，最多 300 辆教练车就可以满足公司培训任务（每年大约 15000 名左右学员）。新公司果断处置过剩教练车 230 辆、多余训练场地 20 余块，减少 100 多名教练员。在新公司的引领带动下，全市驾校不断整合优化，由 28 所变为 8 所，教练车减少 38%，基本达到供求平衡。联合重组改变了驾培市场“多、小、散、弱”的状况，提高市场集中度，加速行业转型升级；第三，稳定培训价格，扭转了舟山驾培市场多年“价格战”的乱局。小车培训费由原来不足 2000 元上升到 5000 元左右，整合四年多一直稳定，落实大纲学时有了保证。严格实行培训费第三方监管，彻底堵住了“校长跑路”的漏洞，学员权益得到可靠保障；第四，市场秩序好了。实现“三无、一少”：无挂靠经营，无黑车、黑培训点，无价格欺诈，投诉纠纷减少。

整合四年多来，舟山驾培发展企稳向好，实现了“一年站稳，二年巩固，三年提高”的既定目标，经济效益和社会效益双赢。培训服务质量由低到高，市场由乱到治，行业形象由差到好，真正达到学员满意、管理部门满意、驾校满意。驾培人的地位、话语权也随之提高，说话有分量，协调培训考试部门有力度。培训考试部门十分重视听取联合公司的意见和建议，千方百计为驾校经营营造良好环境，市场生态越来越好。

整合驾培资源　共建共享共赢

颜建平

摘　要

温州乐清驾培整合分步实施，步步深化，创造了联合经营的“乐清模式”，即以质量效益为核心，以合作为纽带，以创新为动力，以共享为目标，推动驾培联合公司从短期整合向长期合作转型，从危机应对向长效治理机制转型。

关键词

整合；自律；创新

当前，产能过剩与需求不足共存，竞争与挑战倍增。驾校深感“价格战”之痛，渴望联合起来，靠集体力量走出困境。温州乐清市畅达驾校积极推进全市驾培资源整合，走出一条合作共赢的康庄大道。

一、乐清市驾培行业整合历程

乐清驾培整合经历了两个阶段：

第一阶段：资产重组，公司化经营。2008 年以前，乐清市驾校竞相降价，严重影响培训质量和效益，驾校陷入生存困境。2008 年 10 月，乐清市六所驾校经过多次友好协商，进行合并重组，成立“乐清市惠众机动车驾驶员培训有限公司”（简称“惠众驾校”）。公司统一经营管理，小车培训收费 6000 多至 7000 多不等，质量效益显著提高。乐清驾校的成功重组，实现了培训经营一体化、培训教学规范化、培训服务品牌化，有效抑制了无序竞争，在 2008—2012 年间取得亮丽业绩。

第二阶段：深化务实合作，推进共建共享。2015 年启动的新一轮驾培改革，完全开放市场。乐清新增 3 所驾校。为防止“价格战”烽火重起，由惠众公司牵头，推动新一轮联合重组。经过四所驾校反复协商、协调，于 2016 年共同出资联合成立乐清市联享机动车培训有限公司。与此前不同的是，本次重组采取分阶段逐步推进的方式，在保留各驾校实际操作培训业务基础上，剥离招生、理论培训、模拟培训等业务，注入联享机动车培训有限公司，实施统一经营管理。2018 年，四所驾校共同投资，成立乐清市联享驾培园区，进行联合经营。园区提供教学、考试、通勤、饮食、住宿全链条服务，集约高效经营，提升培训服务质量。同时，驾培园区解决了驾培“用地难”的问题，并减去教练车 200 多台、教练和管理人员近 300 人，去产能迈出新的步伐。

二、乐清市驾培整合经验

1. 转变思想，形成合作共识

拼价格的惨痛教训启示乐清校长们：低价低质竞争没有出路，必须坚持共建共享，共同维护市场秩序，共同分享联合经营成果。在统一思想的基础上，乐清驾校摈弃各自为战的打法，加强沟通协调，搭建合作桥梁，架构新型驾培“乐清模式”，即以质量效益为核心，以合作为纽带，以创新为动力，以共享为目标，推动驾培联合公司实现在从短期整合向长期合作转型，从危机应对向长效治理机制转型。乐清驾培联合经营经历了生源流失、市场开放、疫情冲击等重重考验，坚持 13 年不动摇、不散架。正如畅达驾校校长颜建平所说，实行联合培训经营，质量高了，利润多了，大家尝到了甜头，不仅不会散伙，而且越抱越紧，不断做大共同利益的蛋糕。

2. 推动合作创新，激活发展动力

乐清校长们清醒地意识到，所谓的“互联网驾校”来了，意味着外部资本图谋取代传统驾校。与其让“互联网驾校”抢滩登陆，不如驾校自身借道互联网，寻求内生突破，占领市场高地。乐清驾培联合公司发挥统一、开放、互联共享的优势，整体推进互联网、人工智能与驾培深度融合，全面推广应用人脸识别收费、智能教练应用、人机交互体验等新技术、新模式，提升服务增值，降本提质增效，助力转型升级。

3. 推行资金第三方监管，稳市场，保安全

今年，为确保学员和驾培机构的合法权益，防止教练员收费失联、校长资金链断裂跑路，乐清驾校根据温州市驾培协会统一部署，积极稳妥推行驾培学费第三方监管。学员在驾校完成相应的科目和课时培训服务后，相应学费才会分阶段、分批次划拨至驾校账户。现如今的“先培训，后付费”驾培模式，运用了智慧系统的“云监管”，通过银行监管账户第三方支付平台，实现学费一键“妥管”，在确保学、驾双

方资金安全的基础上，进一步增强学员学驾的知情权、选择权和主动权，既有效维护了学员的消费权益，也稳定了市场价格，防止个别驾校私自“放水”，是巩固联合经营的“稳压器”和“压舱石”。驾培学费第三方监管对驾校也是一种行之有效的督促及约束手段。引导和管控驾校以学员为中心，加强教练员管理，完成大纲培训学时，形成以培训质量和服务水平为先的驾培市场新生态，由此形成良性循环，实现驾校和学员利益双赢。

“积力之所举，则无不胜也”。乐清驾培的实践表明，联合经营顺应时代潮流，契合驾校期盼，符合驾培业共同利益，是行业健康可持续发展的方向。当今驾校比任何时候都需要结成命运共同体，用合作点亮驾培向好的前景。

附件：乐清驾培整合的具体操作方式

附件：

乐清驾培整合的具体操作方式

（1）共推整合进程

①由龙头驾校牵头，通过经营权流转、股权合作、代管托管，实现招生、收费、培训、管理“四统一”。

②压减管理层级，精简人员、车辆，缩短培考周期，在经营管理上做“减法”。

③通过兼并重组整合一批，多元经营转移一批，关门停业淘汰一批，引导落后培训产能退出。

④实行标准化收费、统一化管理、规范化培训、高效化服务，实现品牌效应和规模收益，形成强大竞争力、高盈利能力和抗风险能力。

（2）共签自律公约

①联合体内驾校间不互挖教练员。

②未经原承租方同意不转租教练场，不提高教练场租金。

③主动配合运管部门共同打击异地培训、非法培训。

通过行业自律，约束各驾校教练员，提高训练场租金议价能力，有效减少了行业内耗，增强了行业抗风险能力。

（3）共统业务管理

①统一理论报名，自主择校、价格透明公开。

②统一缴纳培训定金防生源外流。

③统一模拟培训收费。

④统一新教练员培训标准和培训业务。

⑤统一共享训练场地，实行第三方管理。

推行“五统一”，降低运营成本，提高驾校管理效率和培训质量。

（4）共谋创新发展

①建立月度例会制度，研究公司管理，共商创新发展大计。

②以联合体为中心，共同向政府争取行业创新发展政策。

③同步应用低能耗环保教练车辆（油改气、气改电等）教学。

④拓展业务范围，将汽修、4S 店、汽车报废回收站、车辆检测站、网约车从业资格培训、继续教育、职业技能培训、汽车销售和会员俱乐部等纳入学驾生态链，创造新的利润增长点。

创建区域驾培联合经营体　引领行业健康有序发展

汪修军　束龙友

摘　要

面对驾培市场培训能力过剩，恶性竞争和盈利能力大幅下降的发展困境，驾校到底靠什么活着，选择什么经营模式？是低价争抢生源，还是抱团合作，共克时艰？合作共赢或许是应对风险挑战的最佳选择。

关键词

联合经营；驾驶培训

近几年，安徽省驾培市场持续走低，驾校经营越发困难。一是培训能力过剩。截至2019年底，全省共有612所驾校，教练车30793辆，年培训能力达240余万人，而实际年培训需求不足100万人，驾校生源严重不足。二是挂靠、承包经营问题突出。直营驾校占全省驾校总数不足10%，直营和挂靠混合经营占比40%左右，有50%的驾校是挂靠、承包经营。许多地区挂靠教练员掌控生源，左右价格，驾校苦不堪言。三是价格战严重。市场开放，驾校数量激增，驾校为了生存，低价招生，勉强维持。全省驾校培训价格极度混乱。以C1车型培训费为例，我省最高5200元，最低1600元，培训费在2500~3000元之间的占比不足20%，有70%的驾校培训费在2500元以下。绝大多数驾校经营状况举步维艰。四是学时对接难。考试部门全面推行自主约考，学员学时不够或无学时也能参加考试。培训主管部门管不住，联网对接凭学时约考协调难。规范培训的驾校经营成本增大，失去市场竞争优势。五是许可改备案后，预计驾校数量可能倍增，培训能力再次扩张，产能过剩、生源有限、竞争白热化，驾校经营环境更加恶劣，从业者更无职业归属感和从业安全感。

面对重重困难，驾培行业怎么办？驾校经营怎么干？我们认为，当前驾校之间的竞争不能停留在无序竞争的老路上，而要走联合经营的新路，推动市场规范和行业可持续发展。

一、联合经营体是驾校的共同选择

联合经营体是按市场规则跨驾校组合的企业行为，是驾校维持生存、应对风险挑战的自主选择。在联合经营体内，驾校相互协作，优势互补，利益相关，命运与共，改变了过去以邻为壑、内耗不断的局面。联合体整合资源，优化结构，提升了行业集中度和发展质量。

二、组建联合经营体应注意的几个问题

（1）注重统一思想，达成共识。

（2）根据本地情况，选择资产重组或经营权流转。

（3）有一个龙头驾校牵头，有一支骨干队伍，有一套行之有效的规章制度。

（4）驾校联合经营体具备法人资格，是保护驾校联合经营合法权益所必需的。没有法律上的主体资格，联合体就会变成一盘散沙。

（5）谨慎选择结盟对象。联合体各成员驾校间应真诚合作，诚实守信，求同存异，顾全大局。

（6）加强联合体内各驾校关系协调，及时化解矛盾。实行有效管控，防止“拆台”“放水”。

（7）实施合理的利益分配和风险分担。没有利益的平衡就没有巩固的联盟。

（8）有应对联合体变化的策略和预案。

（9）不设置限制竞争条款。收费标准区分不同档次，防止价格垄断。

三、安徽省驾培市场联合经营模式

安徽省驾培市场出现越来越多的合作势头，正在趋向理性、规范、有序的竞争。各地探索了 3 种联合经营方式。

（1）品牌联盟。由优势品牌军源驾校牵头协调，聚合有实力、有担当的驾校，打造安徽驾培航母级驾校，使品牌不断提升，强者恒强，引领带动行业高质量发展。

（2）教学服务联盟。2018 年 8 月，阜阳市区 7 所驾校组建培训服务联盟。联盟为成员单位提供教学培训及共性业务发展需要的服务。两年多来，联盟本着共建共享的原则，办了建设信息化平台、模拟训练考场、组织教练员继续教育培训等 10 多件实事，凝聚力和感召力显著增强。

（3）股份合作。黄山市歙县和市区部分驾校实行股份合作，由第三方新常态公司托管。公司实行“四统一”：统一招生、统一管理、统一理论培训、统一分配（按股分红＋多劳多得）。公司经营两年多来，培训收费明显回升，培训质量效益明显提高，市场秩序明显好转。新常态公司乘势而进，又托管市区 5 所驾校，进一步扩大阵地，有力带动了辖区驾培规模化、集约化经营。

“整合资源＋集约经营”是县域驾校生存发展的必经之路

王献忠

摘　要

本文作者是县域驾校的一线经营管理者，对县域驾校的发展阶段、经营现状和存在的问题作了详尽的分析和研究。作者以上市公司法人的治理管理经验，借鉴酒店、餐饮、服装、家电等产业的发展升级经验，创立了县域驾校“整合资源＋集约经营”的“王道模式”，分级段整合县域驾校的群体合作，规范稳定经营。

上海利踏管理咨询公司咨询指导的几个案例值得县域驾培行业，特别是县域驾校投资人关注。

关键词

集约经营；驾驶培训

一、县域驾校生存与发展背景

十八大以来，国家在经济国策上陆续推出了"供给侧""需求侧"改革，对国民经济可持续发展做出了英明的决策。全国县域驾校的生存与发展也与各行各业同呼吸共命运，固守当下的经营管理模式将经受"风雨"考验和市场"洗礼"。

作为县域驾校一线经营与管理者，经历了县域驾校的"兴旺"与"无奈"，实现了"挣脱"与"可持续"，现借中道协驾培行业分会平台分享历程。

二、堪忧的县域驾校现状

1. 县域驾校发展的五个阶段

第一阶段：2003年前的驾校多为公安管理部门和交通管理部门开办的"官办"驾校，很多经济欠发达县域没有驾校。

第二阶段：2004~2011年民营驾校进入期，这个时期县域普遍有1至2家民营驾校。

第三阶段：2012~2016年民营驾校高速增长期。这个时期县域驾校增长了2倍以上。

第四阶段：2016年后民营驾校过剩期。县域驾校普遍进入生源减少，驾校过多，恶性降价，竞争泛滥时代。

第五阶段：2021年7月，"报备制"新时代。

2. 县域驾校的硬件条件良莠不齐和管理模式混乱

第一阶段，是行政管理部门开办的驾校，按申报流程，经省运管部门核准验收，颁发"机动车驾驶员培训许可证"。办公楼和练习场地都是一体化，实行国企管理模式。

第二阶段，国家对民营资本开放投资，按国标要求经省运管局审批，获取"机动车驾驶员培训许可证"后营业。驾校基本自营管理。

第三阶段：国家进一步放宽民营资本申报驾校经营，按新编国标，报省运管部门审批，经县一级运管部门验收合格，获取“机动车驾驶员培训许可证”后营业。投资规模大小不一，参差不齐，很大一部分是第二阶段从业人员的分化。部分区域、部分驾校因投资能力不足或管理水平低下，开始出现教练挂靠或承包经营。

第四阶段：各地完全放开驾校投资，“证照分离”按国标经县一级运管部门验收合格后，获取“机动车驾驶员培训许可证”开业经营。投资规模普遍很小，硬件设施简陋，“三级驾校”爆发式增加。驾校完全进入过剩时期，恶性降价竞争泛滥成灾，再一次导致驾校放弃管理，更大比例驾校实行教练承包或挂靠经营，以许可证通道收取学员“人头费”度日。

第五阶段：“报备制”新生代，未来可期！

3. 县域驾校的品牌意识薄弱

中国县域人际交往是“人情社会”，在第三阶段前，由于学车人数暴涨，车管所的考试资源跟不上学车人规模，各地都是排长队等候考试，考试指标成了稀缺资源。为了能早日获得驾驶证，学车人纷纷找亲戚朋友教练学车，便于“插队”练车、考试。由此，驾校招生就形成了给教练下“招生指标”，依靠教练的“人情关系”扩大版图。教练好口碑决定驾校好形象。

县域驾校只有宣传，在企业形象的硬件投入和企业文化建设方面，远远落后于同是县域范围的餐饮行业。

4. 县域驾校的管理地位失控

由于县域驾校从开业以来，业务收入始终依赖教练的“人情网络”，而且大多数驾校都是家族化管理，缺少法人治理结构管理企业，投资人普遍文化程度偏低，固步自封情况严重。进入第四阶段后，为了减少管理成本，一旦采用挂靠或承包经营，驾校就放弃了管理，变成校长讨好教练，整天担心教练跳槽，最终导致管理失控。

5. 县域驾校的安全管理虚设

按交通运输部的规定，驾校必须有专职安全员和兼职安全员，安全员必须经过考核通过才能担任。驾校必须在培训场地设置安全设施，人车分离，非上车操作训练学员必须与教练车保持安全空间，教练车只能在规定的场地和道路进行教学。县域驾校为了节省开支，专职安全员普遍由普通管理人员或投资人家人挂名担任，不能真正履行安全管理责任。科目二教学常年是学员跟着教练车转，教练脱岗，老学员变成教练，带领“师弟师妹”进行训练，安全全靠教练的责任心。

6. 县域驾校的服务质量低下

驾校的服务质量取决于服务设施和教练的“教风”，针对一年一度的运管部门诚信考核，驾校普遍以应急措施应对考核。第四阶段后，很多县域驾校为抢学员，分训场地遍地开花，学员休息室还不如建筑工地的临时工棚，甚至就在“光天化日之下”等候上车练习。由于驾校任由教练“吃拿卡要”“黑驾校”“黑教练”一度成了驾培行业的“流行词”。

驾校教学完全停留在应对“拿证式”应试训练，科目一基本借助背题软件自学“考过关”。

7. 县域驾校的盈利状况堪忧

（1）生源不断减少。

（2）驾校严重过剩。

（3）教练车到期再更换。

（4）场地租金增加。

（5）培训费或挂靠费（承包费）不断降低。

三、新形势下县域驾校生存与发展的条件和要素

1. 运管的规范管理

离开运管部门的规范管理，在新“备案制”模式下，驾校将会野

蛮增加，“培养中国好司机”成为口号。

2. 驾校投资人的规范经营意识

（1）带好管理团队和教练员队伍。再不能停留在“低价抢学员”“挣钱”意识上，驾校要肩负起“交通安全习惯养成”的重任，而不是帮人“考取驾照”。

（2）成就共同富裕社会，驾校要紧跟“国策”，每一分培训费都要依法纳税。

（3）安全培训，按学时收费。对生命高度尊重和负责，对学员的消费权利充分保障。

3. 与市场变化相匹配的硬件投入

学车人的平均年龄越来越低，他们生活在物质条件越来越好的时代。就如小旅馆越来越少，好民宿越来越多。良好的硬件设施投入是驾校好服务的基本条件。

4. 降低经营成本

任何行业竞争立于不败之地的法则是：成本优势。减少训练场地、减少教练车、减少人员是县域驾校的立身之本。

5. 提高培训效率

效率是商业的利润之源，每一辆教练车的培训量是驾校的效率体现。

6. 稳定培训收费

经营收入来自销售的数量和价格。数量少了，价格再高也白搭。数量多了，价格一低，风险更大。

四、创立县域驾校如何规范“挣钱”的“王道模式”

经营管理的两大核心要素：权力与分配，权力是指用人、用钱、用心；

分配是指钱聚人散，财散人聚。

驾校盈利公式是利润 = 收入 - 成本，收入 = 培训费价格 × 学员数量。

成本主要包括人、车、场地、油耗、修理等。

驾校竞争的误区是抢学员、挖教练、降培训费。

稳定收入不二法则：稳定的培训价格 + 稳定的市场占有率。

他山之玉可以攻石，餐饮行业的品牌经营，服装行业的与时俱进，从跑单帮到统一形象连锁经营，从大街小巷五花八门的实体店到网店、微店、抖音带货，永立市场潮头！

上海利踏管理咨询有限公司借鉴餐饮、服装、家电、酒店、教育和旅游等行业变迁进步的经营经验，结合驾培行业的规范性特点，创立了县域驾校盈利"王道"，可持续经营与发展。

1.0　同一县域驾校业务头尾环节管理统一托管

结构：区域内多家驾校除科目二、三培训以外其他业务统一托管。

功能：实现报名统一、财务统一、市场统一、约考统一。即各驾校只独立承担科目二和科目三的培训和安全管理。

分配：培训成本 + 股份比例。

客观体现多劳多得和利益共享。

2.0　区域内多家驾校整体管理合并统一托管

结构：区域内多家驾校整体管理体系合并管理。

功能：实现驾校管理全流程统一服务与管理，高度规范管理标准。

分配：股份比例分配。

管理成本统一测算控制，毛净利润按股份比例分配。

3.0　区域内多家驾校整体合并完全股份制合伙经营

结构：同一行政区域内，合作驾校股东的原有驾校退出驾驶培训资质，股份制设立一家集团驾校。

功能：公司制法人治理。

分配：按股份比例分配，长期稳定合作分享驾培行业的永久红利。

五、依靠“运管”，执行“自律”，借力专业“第三方”

1. 依靠交通运管中心自律规范经营

国家的“供给侧”结构性改革和“需求侧”拉动消费改革，就是要以规范的制度可持续性发展经济。驾校实行“备案制”管理，市场大门敞开，把一年一度的“诚信”考核升级为以自律为前提的“事后”核查。管理服务和执法稽查分开，将提高执法力度和公平度。

2. 聘请第三方专业管理咨询机构配合管理

古语云“易子而教”“外来和尚好念经”，这是人性弱点决定的规律。伟大的企业，都聘请第三方管理咨询机构配合保持、提升优秀的企业文化和核心竞争力。第三方专业独立的身份能帮助企业发现问题，改善对策，有着催化剂和粘合剂的作用，帮助驾校实现多方合作的法人治理结构。

3. “不忘初心，牢记使命”驾校是交通安全的起锚地

每一位驾驶人驾驶汽车都是从驾校起步。交通安全的第一主体是驾驶员，交通安全保证来自驾驶员的安全操作习惯和意识。好驾校培养“好司机”，不负责任的驾校催生“马路杀手”。

4. 亟待利用互联网监评驾校服务品质

我国网络数字的经济发展，来自网络的信息透明和全民监督。“淘宝”“美团”“京东”“拼多多”“大众点评”“抖音”等互联网公司都是利用了网络特性成就的。教练和学员的类“师徒”关系，传统评价模式，很大程度掩盖了真实服务状态，采用互联网工具监评驾校和教练，可以让“好驾校”“好教练”红起来，跳出低价恶性竞争。

六、上海利踏管理咨询公司实践案例

案例 1. 安徽新常态驾培咨询有限公司托管黄山市歙县和徽州区五家驾校咨询和成果：

（1）安徽新常态驾培咨询公司成立于 2017 年 10 月，业务方向：驾校经营管理。

（2）2018 年 1 月，以“王道模式 1.0”托管了黄山市歙县区域 4 家驾校。

（3）2019 年 8 月，以“王道模式 2.0”托管了黄山市歙县 4 家驾校和徽州区 1 家驾校。

实现成果：

①按国标规范管理，2017 年 11 月份起，按交通运输部要求实行了“计时培训，先学后付”。教练没有完成学员的规定学时培训，扣罚教练员工资。

②每一分培训费都合法纳税。

③电子围栏管理教练车，规定的时间，规定的场地、路段，24 小时监管。

图 1　合并整合后新常态驾培报名大厅

④二个区县实现统一安全管理制度，实行定时检查和不定时路巡检查。

⑤提升服务环境，酒店式大堂，报名、体检、照相、约训、约考等全流程一站式服务。

⑥大幅度减少经营成本：减少分训场地 3 个，减少报名处 30 个，减少教练车 60% 共计 80 辆，减少上岗教练 50% 共计 60 位，减少管理人员 60%，共计 35 人。

⑦稳定的培训价格。以场地位置条件、不同区域、班型特色等公示培训价格，学员自选教练，自选驾校，自选场地。很大程度消除了低价恶性竞争，培训价格稳定，同时彻底消除二次收费和“吃拿卡要”，投诉量大幅度减少。

⑧驾校投资人腾出精力财力投资第二、第三产业。

歙县祥平驾校被托管后陆续投资了“农业项目”“旅游项目”。

案例 2. 黄山市新思维驾培咨询顾问

2018 年 12 月，指导黄山市区 5 家驾校以“王道模式 1.0”委托“黄山市新思维驾培咨询公司”托管。

由于制度制定合理，公开透明，合作关系和谐稳定，效益可预见。到 2021 年 1 月，在二家驾校因场地问题暂停培训业务的情况下，5 家驾校依然紧密合作。

案例 3. 苏州吴江区众兴驾驶培训有限公司咨询顾问

2021 年 5 月，承接了苏州市吴江区 6 家驾校合并整合咨询业务。以“王道模式 3.0”策划打造苏州市最大规模驾校，以高度规范管理目标塑造一流品牌驾校，期待整合合作成果。

案例 4. 安徽淮北市利拓企业管理有限公司咨询顾问

2021 年 9 月承接淮北市利拓企业管理公司咨询顾问，以“王道模式 1.0”整合淮北市区域 20 多家驾校的规范经营合作，整合工作正在进行中。

驾校服务营销策略浅析

王文清

摘　要

近年来，我国经济发展速度整体放缓，各个行业及领域的发展从高速度向高质量转变，市场竞争日趋激烈，驾校服务市场同样面临激烈的市场竞争。在市场竞争及驾培改革推动下，越来越多的驾校适应经济形势的变化，更加注重通过增加服务品种、提高服务质量的服务营销手段赢得市场的认同。各驾校为学员承诺的服务也相对趋向统一。对于驾校服务企业来说，不仅要做好驾照考试的服务及培训的质量，还必须持续提升对客户的服务质量，优化服务营销策略，才能让企业在行业内保持一定的竞争力，提升企业的市场份额。驾驶培训属于服务行业，提升服务营销质量，优化服务水平，为学员提供更加细致周到的服务不仅能留住学员，传播品牌信誉等，同时也可以提高驾驶培训产品的附加值，提升企业整体效益。

本文以江西蓝天驾驶培训中心有限公司为例，对当前江西蓝天驾驶培训中心有限公司服务营销现状进行分析，并针对当前服务营销存在的问题提出相关建议和对策。

关键词

服务营销；驾校；产品；推广

江西蓝天驾驶培训中心有限公司是从事驾驶培训行业的培训类企业，于2004年成立，是江西驾驶培训类学校中比较有代表性的一家，主要是成立时间早、规模大以及服务质量高的因素。江西蓝天驾驶培训中心有限公司通过建立普通学员的驾驶培训服务、VIP驾驶培训服务、科目一到科目三理论的驾驶培训服务分类等服务于全国各地的学员。满足学员从申请驾驶证到领取驾驶证一条龙的服务，但近年随着行业的快速发展，江西省内外驾校不仅在硬件设施方面不断地完善，而且在提供的服务及体验方面也在不断地跟进。这对近年来江西蓝天驾驶培训中心有限公司的发展带来一定的挑战。如何制订科学合理的服务营销策略成为江西蓝天驾驶培训中心有限公司发展的关键。

一、江西蓝天驾驶培训中心有限公司简介

江西蓝天驾驶培训中心有限公司（以下简称：江西蓝天驾校）成立于2004年，位于江西省南昌市瑶湖高校园区，是从事驾驶员培训业务的培训中心。公司当前以昌东校区、昌北校区、昌南校区为基础，开展包括A1、A2、A3、B1、B2、C1、C2车型驾驶证的培训与考试。主要的训练车有桑塔纳、现代、东风大货、中巴车等各类的教学车辆应用于实际的教学培训中。在训练区有各类的道路标志及标线、交通信号等与考试科目同等的设施。同时在江西蓝天驾校也设立考点，包括考试中的科目一、二、三及科目三理论四个科目的考场，不仅满足学员的驾驶培训需求而且满足驾驶考试的各项标准。另外，在江西蓝天驾校也设立对社会公众的驾照换领与补办等业务。驾校的业务主要分为两大类，一是普通学员的各类驾照考试培训，另一类则是以蓝天为品牌的VIP服务产品，为VIP学员提供各类驾照考试培训的个性化服务方案。

二、服务营销策略问题分析

1. 产品服务不够细致，有待加强

江西蓝天驾校当前的服务营销策略为驾驶培训提供丰富的产品服

务，而且高于同行业其他驾校的产品体系。但学员对于服务过程中的流程及考试的周期满意度并不高。通过对当前江西蓝天驾校在驾照培训中存在的现实问题来看，由于培训学员较多，特别是在校学生与社会人士在培训的时间上很难分开，例如大部分学员都集中在周末或者节假日时期进行培训。这反映了江西蓝天驾校在产品服务提供方面仍然需要加强，特别在细致化方面，没有很好的安排培训的时间，导致整体培训的周期比较长，造成学员对产品服务不满意。反映了江西蓝天驾校在制订服务的产品策略时没有根据实际的需求进行设计，造成学员培训拥挤的问题。

导致这种情况出现的主要原因是在产品服务设计中，缺乏对于学员体验及顾客基础需求的产品设计，产品体系主要还是侧重销售，例如公司在设计产品时根据学员是否能在短期内支付费用进行设计，针对学生群体也设计分期支付及按时长支付等驾驶培训的产品。在训练方面仅用贵宾服务等方式来更好地提供服务。这些产品服务模式都是以驾校的收益等进行设计，因此导致学员在培训过程中，整体的周期比较长。

2. 价格与服务价值不匹配

江西蓝天驾校在价格方面对比江西省其他驾驶学校其价格及费用相对较高，而在对学员的满意度调查中也发现，很多学员对于价格的满意度不高。另外江西蓝天驾校的总体价格也高于行业水平，说明整体上当前的价格与其提供的服务价值并不匹配。从而造成了学员对价格方面的满意度总体不高。实际上对于驾驶培训学校来说学员的主要目标都是为了更高效的获得驾驶证，选择蓝天驾校大部分学员是想通过投入更多的成本来提高培训的质量与效率。

导致这种情况出现的主要原因是驾校在价格定位中仅根据自身的规模及品牌等进行定价，但在定价的背后没有制订出一定的服务标准，特别是与其他的驾校有差异化的服务标准。这些标准没有根据价格的变化及差异而形成，例如先锋班的服务与普通班培训的服务在实际操作中差异性不大，让学员的总体感受并不明显。

3. 市场推广人员服务对接不持续

现有的推广策略反映出其主要的销售渠道还是以代理商为主，其他的渠道拓展学员比例较少。另外，从对学员的服务满意度问卷调查中也能反映出一些业务人员及市场推广人员在缴费完成以后服务对接不持续，甚至在培训过程中出现与教练员的矛盾或者其他的服务承诺没有完成时，其业务人员或者市场推广人员不再对接其服务的问题。

导致此类情况出现的主要原因是驾校当前的业务推广模式主要是以驾校内部的业务团队为主，拓展了大量的兼职及教练员作为业务推广人员。但公司以外兼职的业务人员进行宣传推广时，大部分仅是通过简单的了解业务及价格费用就开始通过朋友圈或者互联网等渠道宣传招生，甚至一些兼职人员以江西蓝天驾校的名义大量在各大高校或者单位机关拓展业务。为了更快地获得业务及佣金每年都会出现一些业务推广人员过度承诺学员或者服务得不到保障的问题。

4. 总体促销力度较小

驾校在一年内主要的节假日中有一定的促销活动，但在问卷调查中也有很多学员反应驾校的促销活动比较少而且形式比较少、优惠力度不大。当前江西蓝天驾校的培训各个产品的促销的力度最高是在“双十一”期间，有最高1111元的优惠，普遍的优惠在200元左右，其他时期的优惠价格也在200元左右。从行业对比来看，同样在南昌市的一些驾校不仅价格更加便宜，而且优惠力度方面也比较大，例如在2018年江西其他驾校在基础价格下普遍的优惠力度在500元左右，占学员的培训金额较高的比例。从这方面来看，驾校在促销活动中促销力度不足。另外，在促销的形式方面也比较简单。

出现这种情况的主要原因是大部分优惠力度并不大，吸引力比较小。由于市场份额及品牌的影响力较强，导致对于扩张规模或者提高发展效率并没有太大的积极性。在此因素下驾校在促销活动方面的力度一直处于比较小的状态，这也导致很多学员对于促销的活动并不满意。

三、服务营销策略对策及建议

1. 市场细分

市场细分应该根据当前的消费者特征重新优化自身的市场，并根据目标市场的消费需求进行细分，提供更加有针对性的产品服务，提升顾客的满意度，从而促进江西蓝天驾校的销售业绩的提升。当前江西蓝天驾校的消费者中有大量的在校学生及刚毕业步入社会的群体，及一些学习大型车辆驾驶证的学员，但当前的产品体系中，并没有完全形成市场的细分，仅对小车的学员有学生价。在服务营销过程中应该更加重视市场的细分，对此可以从以下方面进行。

（1）根据学员的需求确定其产品服务的市场范围。在学员的需求中，可以根据不同的职业及身份形成有针对性的市场范围，例如，针对上班族、机关单位及学生等不同的时间分配方案确定培训的个性化的方案。在此基础上可以设计一些周末班、暑期班、晚班培训、集中培训班等作为针对不同的职业及身份角色的客户的个性化培训方案。形成更加丰富的产品体系后根据不同的产品方案选择目标客户，如暑期班针对一些学校老师或者学生群体进行推广与宣传，让产品与顾客的需求更加贴近，这样在定价方面及培训高峰方面也可以形成差异化的安排。

（2）列举潜在客户的服务需求。另外，针对潜在客户的服务需求也需要有针对性的列举潜在客户的服务需求，并在此基础上建立吸引潜在客户的服务营销方案。例如，对于江西蓝天驾校来说其潜在的客户有刚进入大学的学生、刚进入职场的工作人员，或者集中度比较高的企事业单位人群。通过这些人群的培训服务需求进行简单的列举，并根据需求开展一定的营销活动，如在开学季可以在高校园区加大宣传等。

（3）针对不同的子市场进行分析及测量其规模。在细分了江西蓝天驾校的市场产品服务及客户的需求后，可以针对不同市场需求进行分析，通过问卷调查及访谈调查等方式判断这些经过市场细分的子市场上客户的需求及对服务的要求。例如，一些企业管理人员需要更加高效的培训方式或者教师、医生等群体需要更加舒适完成整个培训的过程，学生需要更大的优惠折扣选择等。在分析了各个群体的需求以后，深入调查各个子市场的规模，以南昌市为主，评估每个市场可以为江西蓝天驾校带来的业绩增量，选择潜在客户比较多的群体及市场需求量较大的，推出有针对性的服务。

2. 目标市场选择

江西蓝天驾校在目标市场的选择中，可以从市场的集中化、产品专业化与市场专业化方面进行目标市场的选择。通过目标市场的选择实现更加精准的营销策略的制订，更加精准的选择目标市场，同时能高效的制订出服务营销策略。

（1）市场的集中化。江西蓝天驾校在市场集中化方面，根据以上的市场细分把市场进行集中化分析，在此基础上制订出有效的服务营销策略。例如，对于江西蓝天驾校来说，大学生市场甚至高考结束后学生的市场就是比较集中化的市场，应该针对列举的产品服务需求及市场细分的基础上，对这些比较集中的市场进行选择。如当前南昌市几个比较集中的高校园区，每年高考结束后的高中学校等，都是相对集中的市场。江西蓝天驾校在驾校服务营销的制订中就可以有针对性地把这些潜在的市场集中化分析，通过市场的集中化实现服务营销制订的精准化。

（2）产品专业化。江西蓝天驾校的产品在专业化方面，根据市场的细分制订出更加符合市场客户需求的产品服务方案，针对不同的职业群体开发产品种类，例如，在当前的产品服务基础上可以增加一些专业化的产品，建立不同的产品分类。

（3）市场专业化。在市场专业化方面，江西蓝天驾校根据行业的发展现状进行更加专业化的市场拓展，特别是对于当前江西蓝天驾校来说，在南昌市甚至江西省已经有了一定的品牌知名度与影响力，在此基础上就可以基于自身在市场上的影响力，从行业发展的角度进入更加专业化的市场。例如，选择一些针对性的营销渠道进行合作。

如高校活动、一些高校的互联网 app 应用等，通过让自身的市场更加专业化，也可以实现目标客户的选择，让服务营销更加有针对性地向目标学员推荐服务产品。

3. **市场定位**

江西蓝天驾校可以基于当前的市场定位的背景下，根据市场需求及互联网营销等营销环境的变化，进一步的明确其市场定位。特别是针对不同的目标客户群及消费者进行市场定位。根据当前江西蓝天驾校的规模及发展现状，可以定位在高校专业服务及中高端的驾驶证培训服务上。对于高校可以定位在学生的驾驶证需求对接上，选择更多的高校合作，为学生提供更好的培训方案。另外，对于社会上普通人群来说，可以为其提供更加贴心与省心的考试与培训的服务，通过这种市场定位下，精细自身的服务营销策略，并根据目标市场客户及潜在需求的客户制订更加精准的服务营销策略方案。

江西蓝天驾校在驾考培训的价格控制中，可以通过服务的价值提升来提升学员在学习培训中的满意度。例如，针对学员反映有部分教练员会收礼品之类的情况，应该进一步加大打击力度，甚至可以一票否决制的处理一些收受礼品的教练员。通过这些方式来实现学员在培训的过程中价值的保证。另外，在价值的提升中，可以为学员提供更多的服务，例如，班车接送、增加站点增加班次、提供学员休息区及娱乐区等服务，通过这些服务来提升学员的培训质量。

涅槃重生　扬帆起航

王　飞

摘　要

宜章鸿鑫驾校在寻求改革之路时曾采取挂靠经营模式，造成管理失控、利润削薄。2019 年，鸿鑫驾校逐步取消挂靠模式，并引进智能机器人教练培训，打造新的利润增长点。2020 年，即使有疫情影响，驾校直营招生人数仍比 2019 年增加近 200%、利润比 2019 年翻一番，彰显“直营＋机器赋能”模式的新优势。

关键词

机器人教练；科技；驾驶培训

郴州宜章鸿鑫驾校成立于2004年，历经17年发展，已成为当地规模较大、发展势头强、受大众欢迎的驾校。这样的成绩对于鸿鑫来说，绝非一蹴而就轻松得来的，而是经历了一番触及筋骨的改革阵痛之后取得的。

驾校成立十年多时间，一直实行直营模式。我们也在不断探索，寻求创新。但由于这期间驾培市场相对好做，驾校经营模式没有大的改变。

从2014年下半年开始，受产能过剩、市场下行的影响，驾校生源逐渐萎缩，业绩持续下降。“先照后证”政策的改革犹如催化剂，加速了驾培行业的变化，越来越多的驾校如雨后春笋般地冒出来。宜章县，一个总人口只有60万的小县，大大小小的驾校猛然增至7家，驾校经营模式也有了很大的变化。最突出的就是越来越多的驾校采取挂靠经营模式，低价招生、恶意竞争，整个驾培市场陷入一片混乱之中。苦于企业的生存，我们一度采取了所谓的“捷径”——挂靠经营模式，很快见到成效。第二年，鸿鑫驾校学员人数创造历史新高，突破了4000人。

好景不长，还没来得及为这个成绩欢呼雀跃，2017年，鸿鑫驾校的招生人数直线下滑近2000人，挂靠经营带来的问题就随之凸显：

（1）学员增加了，但驾校的利润并没有增加。4000多名学员，约95%属于挂靠经营。这部分学员给驾校带来的利润都不足以支撑学校日常的管理费用；

（2）挂靠教练员控制生源，市场普遍存在“低价招，高价出”的现象，给驾校品牌造成极大的负面影响；

（3）管理失控。挂靠教练员没有和学校签订劳动合同。一些挂靠车教练员不服从学校管理，培训服务质量下滑；

（4）安全隐患。挂靠教练员“自由度”极大，如果发生安全事故，最后还得驾校承担风险。

面对困境，我们没有选择放弃，而是走出去，开阔视野，寻找出路。我们到全国各地的优秀驾校观摩、学习、考察，特别是到河北利安驾校考察后，深受启发。我们深深感到，只有紧跟行业创新的脚步，致力于口碑打造、服务提升、品牌直营模式，才能取得更长远的发展。于是，我们克服重重困难，逐步由挂靠经营转向直营，同时引进机器人教练，开启“直营＋智能教学”新模式。智能教学改变了驾校的传统培训模式。每名教练可以同时带5~10台智能机器人教练车，节约人工成本60%以上，培训经营效率和效益大幅提升。

改革初期遭遇多重阻碍。教练员罢工，教唆学员退课、退学；股东质疑、退股；开始的几个月招生锐减等。但我一直坚定改革的信念，带团队到利安学习，统一认识、坚定信心，同心协力度过艰难的“阵痛期”，脱胎换骨，涅槃重生。

我深知改革只有拿出成绩才能让大家信服。为了让全体员工统一认知、认可“直营＋智能教学”新模式，我们并没有选择“一刀切”的方式全部取消挂靠，而是让挂靠培训与“直营＋智能培训”形成比拼。经过实践验证，2019年，“直营＋智能机器人教学”与挂靠经营招生培训量各占50%，但是前者利润是后者的2倍。

数据表明，采用“直营＋智能培训”模式，更有利于培训管理、降本增效、品牌塑造。我们乘势而上，全部由挂靠经营转为直营，企稳向好，量价双升。2020年，在疫情影响下逆势上扬，直营招生人数比2019年增加了近200%、利润比2019年翻番。

鸿鑫驾校经历了挂靠经营模式下短期的便捷管理与业绩提升，同时也因为挂靠模式使驾校品牌、团队管理、质量效益遭受了难以估量的损失。后来，这所有着17年历史的老牌驾校痛定思痛，重返直营模式，实施智能创新，转换新动能，迎来新发展。

第五章　品牌建设

创建优质品牌　占领市场高地

陈　磊

摘　要

品牌是驾校的核心竞争力。安徽蒙城春蕾光彩驾校以质量为核心，以创新为动力，以人才为支撑，打造优质品牌，在激烈竞争中赢得市场、挺立潮头。驾校先后荣获全国“文明诚信、优质服务”示范驾校、省“十佳诚信驾校”“最美驾校”等荣誉称号。

关键词

品牌；质量；创新；人才

在驾培市场竞争“白热化”的今天，一个驾校能否赢得市场，“品牌”就成为其立足和竞争的核心力量。能否创出品牌，形成品牌群体，已成为一个驾校乃至整个行业市场竞争力和发展质量的重要标志。因此，驾培行业、企业要大力推进“品牌战略”，不断向高质量发展迈进。

一、强化“品牌兴校”的发展理念

一些驾校只顾一朝拥有，不求天长地久，招生靠降价，培训求速成，缺乏品牌定力和长远眼光。品牌是熬出来的，品牌培育只有经过精耕细作、长期积淀，才能厚积薄发，彰显品牌效应。春蕾光彩（以下简称春蕾）驾校一贯秉持“诚信办学、优质服务”“品牌在外、品质在内”的理念，耐得住寂寞，经得起诱惑，历经“招生难”“价格战”“挂靠经营”等市场洗礼，始终坚持直营不挂靠，坚守质量诚信不动摇，超值服务不松懈，持续发力铸品牌，受到学车群众的广泛认同。春蕾市场占有率年年领先，培训量占辖区40%以上。据了解，每个地区都有几个实力强、叫得响的驾培品牌，培训量、合格率稳居前列，在市场大潮中掌舵领航，破浪前行。事实告诉我们，品牌是驾校赢得市场的通行证。驾培行业高质量发展呼唤一流的优势品牌。我们需要增强品牌意识，加强品牌宣传，坚定品牌自信，让创造品牌、尊重品牌、维护品牌成为全行业的思想共识和自觉行动。

二、夯实品牌发展的质量基础

从驾培源头抓质量，是打造品牌的基石，更是筑牢道路交通安全坚强防线的迫切需要。提质量，强品牌，必须树立“质量第一、源头把关”的价值取向，让高质量成为驾校的“金字招牌”。春蕾人认为，质量安全是品牌的生命。一个驾校无论培训量多少，只要培训出一个质量不合格驾驶人，对于人民群众生命财产安全就是百分之百的伤害，折射到品牌上就是信誉度百分之百的损失。春蕾人以匠心铸精品，以质量树品牌。严格按纲施训，确保培训质量。开展“盲点教学”，养成安全驾驶习惯。主动安排学员到街道、超市停车场练习实景倒车。学员练车不怕耗油，考不过免费练车；考证后还练，组织长途拉练200公里，锻炼实战本领，真正做到“拿证会开车”。“学技术，到春蕾”，已经成为学车群众的优先选择。消费者的口碑，成为春蕾品牌魅力的生动注脚。

三、加固品牌的人才支撑

驾校发展的源头活水在人才团队，驾培品牌的支柱在教练员。高素质的驾驶人出自高素质的教练员。长期以来，春蕾注重打造一支协力同心、素质过硬的管理团队和教练员队伍。一是教育培训，提升素质。教练员和管理人员入职有审核、岗前有培训、继续教育坚持不懈。岗前集中培训10天，实习培训一个月，经考核合格上岗。每年安排7天脱岗培训，雷打不动。组织教练员走出去取“真经”，分四批到北京东方时尚驾校实习，每批实习期一个月，跟车学习先进的教学方法和细节管理，开阔视野，增长才干。二是加强管理，奖惩分明。明令禁止教练员“四不”：不抽学员一支烟、不喝学员一瓶水、不吃学员一顿饭、不收学员一元钱，违者罚款、开除。教练员如果接受学员宴请，按餐费总额6倍罚款，并予以辞退。在春蕾流传一句“笑话”：“学员若想教练员下岗，就请教练员吃饭”。前不久，有两名学员考试合格领证后，通过微信给教练发红包致谢。教练点收50元、60元两个红包。驾校经调查核实，给予该教练罚款5000元、开除出校的严厉处罚。同时严格追究领导责任。对于校长和主管教学的副校长，按违规教练员罚款的4至6倍处罚，分别罚款30000元、20000元。正风肃纪，以上率下，杜绝“吃拿卡要”，廉洁教学蔚然成风。每季度对毕业学员进行跟踪调查，满意度达到98%。其余2%的学员主要是对“约考难”不满意。三是建立激励机制，奖励先进，兴才强校。开展教学质量竞赛，前三名有奖，末位淘汰。每季度评比“星级教练员”，上榜公布。各教练队形成了“争先创优”的良好氛围，涌现出一批批“培训精英”“招生冠军”，成为春蕾品牌的“四梁八柱”“形象名片”。四是拴心留人。利可共而不可独，共享才能共赢。驾校所赚利润与员工分享，校长、副校长年薪加奖金达到20~30万元，教练员工资高于其他驾校同行，最高近20万元一年。全体员工享受“五险一金”，免除后顾之忧。员工普遍反映，在春蕾干有幸福感。老板心中有员工，员工心中有驾校。教职员工一心扑在驾校，爱岗敬业，凝心聚力，创品牌，树形象。队伍稳定，70%以上的员工工龄都在5~10年以上。应当看到，教练员证取消后，驾校成为教练员管理的主体，责任重大，只能加强，不能削弱。我们要切实担当主体责任，严把教练员入口，落实岗前培训和继续教育，规范教学行为，狠抓素质提升，为品牌建设固本培元。

四、创新增强品牌活力

创新是品牌生命力的源泉。要大力弘扬创新精神，实施培训创新、管理创新、营销创新、业态创新，推动品牌实现定制差异化、培训数智化、价值高端化，由业界“跟跑”转变为“并跑”进而实现“领跑”。春蕾驾校适应学车消费多元和升级的需求，创新有效供给，推进“五个转变”：由关注数量转向关注质量和体验，满足学车消费升级需求；由培训“一刀切”转向多班型柔性化培训，满足学车消费多元化需求；由驾校“端菜”转向学员“点菜”，满足学车消费个性化需求；由线下招生培训转向线上线下同频共振，满足学车便捷化需求；由人工培训转向人机交互共生，引进智能机器人教练，满足年轻学车群体特色化需求。经过几年调整和转型，驾校品牌运作、营销整合、应变能力明显提高，核心竞争力锻造更加坚强，赢得各个层次学车人群的信任和喜爱。

五、营造良币驱逐劣币的市场环境

当前，“价格战”是品牌发展的主要障碍。有的地区小型汽车培训费跌到1600元/人至2000元/人（含考试费）。许多规范培训的驾校被迫跟风降价，然而成本并未降低，最终落得“赔本赚吆喝”，陷入“越规范越吃亏”的恶性循环，劣币驱逐良币也就不足为奇了。当务之急，是要加强市场治理，抑制低于成本价格的不正当竞争，为品牌驾校营造扶良驱劣的生态环境。严厉打击“降价减时”、学时造假、非法培训行为，加强反不正当竞争执法，管住捣乱的，保护规范的，形成品牌经营受益、违规取巧受罚的良性市场生态。要高度重视研究和加强驾校备案管理。坚守驾校开业条件达标。严防“黑培训点”以几台车假备案蒙混过关，与正规驾校进行低成本竞争，维护市场秩序，培育品牌成长沃土。

六、履行社会责任，扩大品牌认可度

春蕾以“奉献爱心，回报社会”为己任，积极参与扶贫济困、敬老帮弱、捐资助学、抗震救灾等社会公益活动。疫情初期，春蕾热心捐献 100 万元助医抗疫。党员干部和员工积极向抗疫一线最美逆行者捐款 28800 元。近年来，春蕾共向社会捐资捐物折合人民币 390 万元。春蕾年年组织“爱心送考”活动，连续 14 年出车千余次，免费接送高考学子 4 万多人次，受到学生、家长和社会各界一致好评。光明日报及省市新闻媒体多次报道春蕾“爱心送考”事迹，驾校知名度、美誉度不断提升。每年高考后，应届毕业生学车主动选择春蕾，为驾校提供源源不断的生员。县退伍军人事务管理局委托春蕾为退役军人驾驶培训定点机构。春蕾免费培训 2000 余名退役军人，为他们搭建就业创业桥梁。春蕾还被省人力资源和社会保障厅批准为农民工驾驶培训定点单位，先后帮助万余名农民工掌握一技之长，考证后还能享受国家给予每人 2400 元的就业补贴。多年来，春蕾践行品牌责任，助力民生工程，被评为市、县“青年文明号”、优秀党支部、优秀志愿服务集体。

[结语]

“眼看他起高楼，眼看他楼塌了”。这是清代名剧《桃花扇》中的经典唱词。时代潮起潮落，市场大浪淘沙。驾校经过周期性大洗牌，有生有死，优胜劣汰。相当一部分驾校将被淘汰出局，活下来的，一定是群众信得过的质量信誉品牌，一定是勇于变革创新、引领学车新潮流的新型品牌驾校。我与很多驾培同仁都有一个共识：今后有多少驾校活下来不知道。但我们知道，优强品牌驾校一定能活得更久，走得更远！

驾培机构品牌建设研究

孟　虎　王湘萍

摘　要

随着《中华人民共和国道路交通安全法》修订案的正式签发，驾驶培训许可制变为备案制尘埃落定，驾驶培训市场全面迈开市场化步伐。可以预见，未来相当长的一段时间内，驾驶培训市场竞争将会异常激烈。作为驾驶培训市场主体的驾培机构如何在这轮竞争中活下来并脱颖而出是各驾培机构负责人面临的重大课题。本文在分析驾培市场品牌影响因素的基础上，分析了驾培机构品牌影响力影响因素并结合影响因素以案例的形式分析了驾驶机构的品牌建设路径，希望可以通过对驾培机构品牌建设的分析及趋势预测，为驾培机构未来的发展路径提供理论支撑，助力驾培行业健康有序发展。

关键词

驾驶培训；品牌建设；影响因素；发展预测

一、驾驶培训市场现状

近年来，随着我国经济社会发展，私家车逐步进入普通家庭，作为取得驾驶证的必经环节，机动车驾驶员培训需求不断增加，机动车驾驶员培训行业也快速发展。随着人民生活水平不断提高，对出行的安全、便捷、高效和绿色不断提出了新需求，这一系列需求带动了驾培行业的快速发展。

与此同时，大量社会资本进入驾培行业。根据交通运输部每年发布的《交通运输行业发展统计公报》相关统计数据可以看到，从2009—2018年这10年间，全国驾培机构数量从8774家增加到19062家，2018年已达到2009年数量的2.2倍；2018年年培训量达到2009年的1.95倍。驾培机构的增长速度大于培训需求的增长速度，加之驾驶培训人口红利的逐渐消失，全国驾驶培训市场呈现供大于求的趋势。根据上述数据计算可知，2019年全国教练单车培训量仅34人/车，产能利用率低于50%，驾培市场竞争格外激烈。

2021年4月，十三届全国人大常委会第二十八次会议在京闭幕，会议上习近平签署主席令，其中中华人民共和国道路交通安全法第二十条修改为“机动化的驾驶培训实行社会化，由交通运输主管部门对驾驶培训学校、驾驶培训班实行备案管理”。自此，驾驶培训市场全面迈开市场化步伐。可以预见，未来相当长的一段时间内，驾驶培训市场竞争将会异常激烈。作为驾驶培训市场主体的驾培机构如何在这轮竞争中活下来并脱颖而出是各驾培机构负责人面临的重大课题。

二、驾培机构品牌影响因素分析

根据国家市场监督管理总局中国国家标准化管理委员会发布的相关标准，企业生产力的定义为企业劳动者与企业劳动资料两者间相结合产生的企业创造能力。企业生产力评价指标体系分为基本指标和评议指标两大类共13项具体指标。本文在此标准的基础上，结合驾培机构具有的企业和教育机构双重属性，承担着更多的社会责任，和一般企业的品牌影响因素略有不同这一特点。针对驾驶培训机构，提出驾培机构品牌影响因素应包括以下几类：一是技术先进程度；二是主营业务收入；三是市场占有率；四是决策管理能力；五是品牌知名度；六是履行社会责任能力，如图 1 所示。这些共同决定了驾培机构生产力水平，直接导致了品牌影响力的不同。

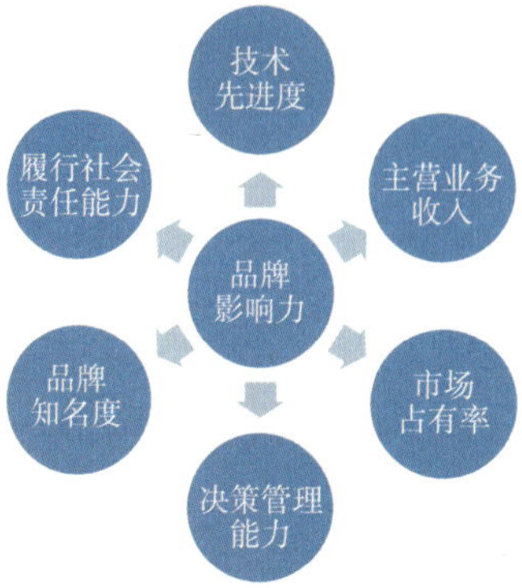

图 1　品牌影响力示意图

1. 技术先进度

技术先进度是指驾培机构在经营管理创新、工艺革新、技术改造、新产品开发、品牌培育、市场拓展、专利申请及核心技术研发等方面的措施及成效。近些年驾驶培训机构智慧化转型升级就是技术先进度提高的具体表现，驾培机构通过新技术新模式提升服务、优化资源、提升开拓市场的能力。

2. 主营业务收入

主营业务收入是指驾培机构从事某种主要生产、经营活动所取得的营业收入。这一收入受驾培机构的等级、培训量、培训价格、服务水平、外部市场变化等多因素共同影响。近年来出现了一批具备特色服务的特色驾培机构，此类驾培机构往往规模较小，但是依托于特色服务取得了较高的营业收入，成为小型驾培机构发展的典范。

3. 市场占有率

市场占有率代表了驾培机构培训业务的市场占有率以及其对国民

经济及区域经济的影响与带动力。体现了其主要产品的市场认可程度，是否具有核心竞争能力以及产业引导能力等方面的情况。在实际操作中，一个地区拥有较大市场占有率的大型驾培机构往往对该地区的行业导向产生巨大的影响。

4. 决策管理能力

决策管理能力是指驾培机构在制度建设、内部控制、重大事项管理、信息化建设、标准化管理等方面的情况，包括财务管理、对外投资、采购与销售、存货管理、质量管理、安全管理、法律事务等。企业在决策管理、决策程序、决策方法、决策执行、决策监督、责任追究等方面采取的措施及实施效果，重点反映企业是否存在重大经营决策失误。近年来，驾培行业内出现了驾培联盟等各种组织形式的行业自律和行业共治管理形式，取得了较好的效果，恶性竞争行为得到了一定的遏制。

5. 品牌知名度

品牌知名度是指潜在购买者认识到或记起某一品牌是某类产品的能力。它涉及产品类别与品牌的联系，品牌知名度在消费者购物时占有极优势的地位。典型的消费者购买行为，只会考虑少数几个品牌，而且有较高的知名度才较容易被放置于消费者选择的名单中。

6. 履行社会责任能力

履行社会责任能力是指企业在资源节约、环境保护、吸纳就业、工资福利、安全生产、上缴税收、商业诚信、和谐社会建设等方面的贡献程度和社会责任的履行情况。对于驾培机构还包括在安全宣传教育等驾驶培训衍生行业发挥的作用，近年来大量有社会责任感的驾培机构加入了社会化交通安全宣传教育的事业中，依托于驾培机构在交通安全宣传方面的专业优势和场地优势，组织各种宣教活动，对社会公众，特别是道路运输从业人员交通安全宣传教育的发展起到了很大的助力作用。

三、驾培机构品牌建设案例

驾培机构的品牌建设和驾培机构自身的经营模式和运营理念息息相关。本文在中国道路运输协会驾驶培训分会行业大调研成果的基础上，结合对驾培机构品牌建设影响因素的分析，对国内几家典型的特色驾培机构经营方式进行了梳理和分析，希望以案例的模式介绍各地优秀品牌驾培机构的建设经验。

1. 优化教学设计　强化实操训练

安徽合肥新亚驾校首创“四阶段教学测试法”，将学车过程，循序渐进，划分为基础训练、场地训练、道路训练、综合训练等四个阶段，尊重普通学员学车的成长规律，实践由浅入深，循循善诱，效果明显，学员在学车过程中既不感到枯燥乏味，又不厌恶疲倦，保持学车旺盛的内生动力。

实践出真知，新亚驾校开设长途拉练，由学员自己操作，进行多种路况的实际道路驾驶，由理论到实践，又从实践到理论。让学员学得踏实，学得丰富。

2. 坚持驾校自营　强化服务意识

陕西西安正华驾校自建校以来始终坚持“质量第一，服务至上，让每位学员都满意”的宗旨，发扬“同心多奉献、合力创一流”的企业精神，克服困难和压力，坚持初心，自我经营，走直营路线，坚持规范管理，学员报名签订培训合同，训练考试透明公开，诚信为本。

3. 突出安全养成　注重科技引领

浙江乐清畅达驾校注重提升服务，打造驾校品牌、加强连锁经营。从应试教学转向“素质 + 实操”教学，从考证服务转向安全驾驶服务，从盈利思维转向社会责任思维。以满足新需求为最终目的，主攻提高供给质量，着力解决低端供给过剩与高端供给不足的矛盾。从低价扩招的动力机制，过渡到优质优价的市场机制。破解发展难题，转变发展理念，用新理念引领新发展。改变管理方式、充分利用新技术促进驾校提升效率、降低成本。

四、驾培机构品牌建设发展预测

1. 品牌建设的基础是服务升级

驾培机构作为具备企业经营和教育双重职能的特殊存在，同样具备着传统企业品牌建设的基础属性，那就是服务升级。根据现阶段产业的发展趋势，所有的产业都在向服务业无限接近，围绕这个服务进行的消费升级，让用户在自己的知识盲区里学的舒心，在取得驾驶证后开的安心是驾培机构品牌建设的基础。同时针对教学过程智慧化产生的大量珍贵数据的复用问题也得到了业内的重视，相关的大数据分析和利用是品牌建设中提供差异化服务的关键。

2. 品牌建设的关键是智慧转型

智慧化转型升级以行业健康有序发展为根本目标。随着驾培行业历史存量需求的逐渐减少以及驾培机构数量增长造成的激烈行业竞争，驾驶培训行业需要新技术新模式提升服务、优化资源、开拓市场。在驾驶培训教练员数量和质量双缺口、驾培行业供求矛盾较为突出，产能利用率较低，行业出现价格战、“劣币驱逐良币”等大背景下，驾培行业对于智慧化驾培需求的呼声越来越高，以机器人教练、AR/VR 模拟器教学为代表的智慧化转型产品如雨后春笋般在业内涌现。

3. 品牌建设的保障是政策稳定

2021 年 4 月的驾培机构许可制改为备案制给驾培行业带来了巨大冲击，各类信息充斥业内，作为从诞生之日起就受政策影响巨大的驾驶培训行业，政策是否能够稳定供给决定了驾培机构品牌能否稳定建设，驾培行业需要稳定的行业政策作为支撑。从目前各方获取的消息看，备案制对驾驶培训行业的影响从长远看影响有限，原因主要有以下两点：一是备案条件不放松，驾培机构依然要按照许可制时相关要求进行备案，许可变备案不等于降低驾培机构的准入门槛。二是行业管理不放松，放管服改革要做到放管结合，放管并重，宽进严管。该放给市场和社会的权力一定要放足、放到位，该政府管的事一定要管好、管到位。始终把放管结合置于突出位置，做好审批和监管的有效衔接，从事前审批向强化事中事后监管转变，加强综合监管。

第六章 教练员管理

我国教练员素质提升与管理体系探讨

孟兴凯　曾　诚

摘　要

教练员是学员学习道路交通安全知识和驾驶技能的启蒙老师，是学员驾驶技能的传授者、安全意识的塑造者和文明行车理念的固化者。当前，我国教练员普遍存在学历低、挂靠或承包经营、不文明教学行为常见等现象，以及驾培机构聘用管理、岗前培训、继续教育、学员评价和教练员退出等管理环节存在的问题，研究提出了探索教练员培养新路径、构建科学合理的教练员聘用标准、实施教练员岗前培训考核以及差异化的教练员继续教育、优化学员评价监督体系、健全并实施教练员信用管理制度和创新教练员管理机制和模式等对策措施。

关键词

交通安全；机动车驾驶培训教练员；素质提升；管理体系

一、引言

机动车驾驶员培训是保障道路交通安全的第一道防线，是培养驾驶技能好、安全意识强和文明行车理念牢固驾驶员的通道。机动车驾驶员培训离不开机动车驾驶培训教练员（以下简称教练员），作为驾驶培训的核心人员，教练员是学员学习道路交通安全知识和驾驶技能的启蒙老师，是学员驾驶技能的传授者、安全意识的塑造者和文明行车理念的固化者，对培养安全文明合格的驾驶员至关重要。

教练员综合素质的高低以及管理体系的健全与否，直接决定了其培养驾驶员的安全驾驶能力，影响我国道路交通安全水平。因此，国外发达国家十分重视教练员的培养和管理，建立了比较完善的教练员培训与管理体系。为精准定位影响教练员素质和管理的制约因素，笔者立足于18364份行业管理部门、驾培机构负责人、教练员和学员的调研问卷，分析我国教练员素质和管理现状，借鉴典型国家和地区教练员管理模式，探讨我国教练员素质提升和管理体系对策。

二、教练员素质与管理现状

人是发展中起决定作用的核心要素，是决定国家兴衰和行业繁荣的最根本要素，作为机动车驾驶培训的核心人员，教练员素质高低与管理体系健全与否决定了机动车驾驶培训行业是否健康发展。

1. 我国教练员素质现状

（1）教练员数量情况

按照教学属性，教练员可分为理论教练员和实操教练员。据交通运输部统计，截至2020年底，我国共有教练员87.2万人（理论教练员6.4万人、实操教练员78.2万人），同比下降了5.7%，主要是由于机动车驾驶培训市场产能过剩现象明显、市场竞争加剧，部分城市挤掉了部分剩余的劳动工具和劳动人员，出现了教练员数量下降的态势。

如图 1 所示，近年来随着驾培机构数量的增加，驾驶操作教练员数量逐年增加；而理论教练员在 2018 年出现下降趋势，甚至下降了 10.74%，导致理论教练员数量在 2018 年下降的原因主要是 2017 年交通运输部发布了《机动车驾驶培训网络远程理论教学技术规范》（中华人民共和国交通运输部公告第 64 号）后，许多驾培机构采用了网络远程教学方式开展理论学习，而在国家标准《机动车驾驶员培训机构资格条件》（GB/T 30340—2013）中明确，采用网络远程教学方式进行理论教学的，理论教练员的数量配置由各省自定。

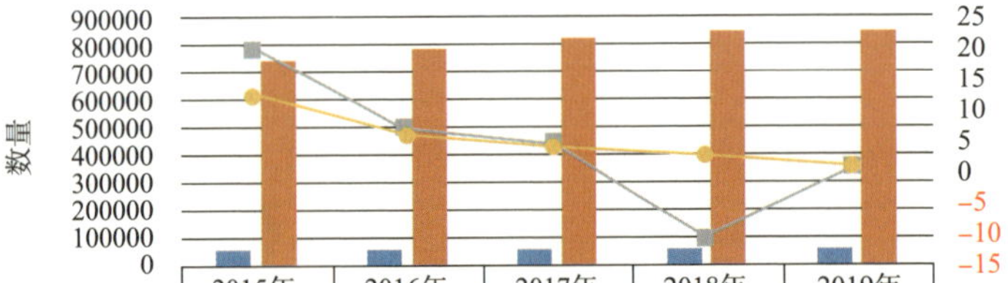

	2015年	2016年	2017年	2018年	2019年
理论教练员/人	58291	62314	65297	58284	58702
驾驶操作教练员/人	746541	790639	822105	842109	849151
理论教练员增长率/%	19.68	6.90	4.79	-10.74	0.72
驾驶操作教练员增长率/%	12.47	5.91	3.98	2.43	0.84

图 1　我国 2015 年—2019 年教练员数量变化情况

（2）教练员性别情况

教练员性别调研结果分析如图 2 所示。由图可知，教练员以男性为主，占总体的比例达 87%，其主要原因是由于教练员职业工作时间长、每周休息不固定、工作中存在交通安全风险、教学任务艰巨、收入不高，这些因素致使选择从事教练员职业的女性较少。

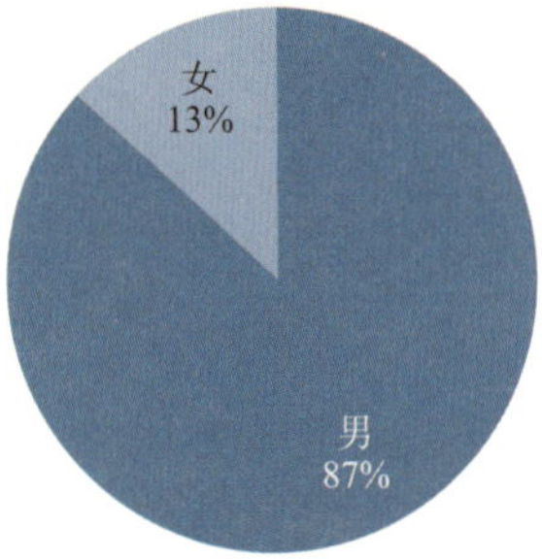

图 2　教练员的性别结构

（3）教练员学历情况

教练员学历调研结果分析如图 3 所示。由图可知，高中及以下学历的教练员占比为 72%，专科及以上的教练员占比为 28%。可见，教练员队伍的学历整体偏低，高知识高学历的人才较少。

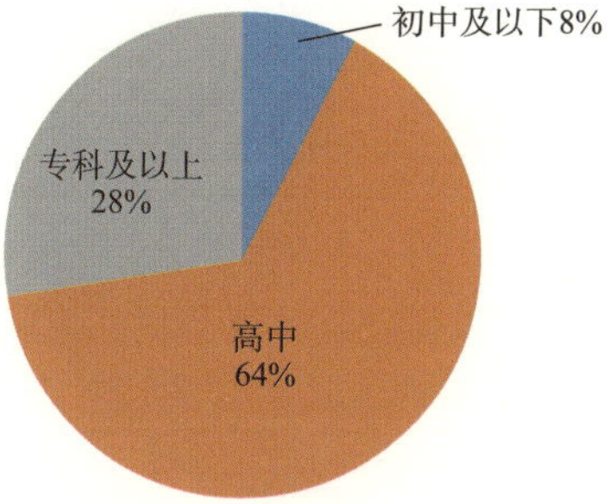

图 3　教练员的学历情况

（4）教练员年龄情况

教练员年龄调研结果分析如图 4 所示。由图可知，我国教练员队伍主要集中在 31 ~ 40 岁和 41 ~ 50 岁，占比分别为 38.1% 和 38.5%，此外，30 周岁以下的教练员占比仅为 12.7%。可见，教练员队伍总体上以中青年为主。

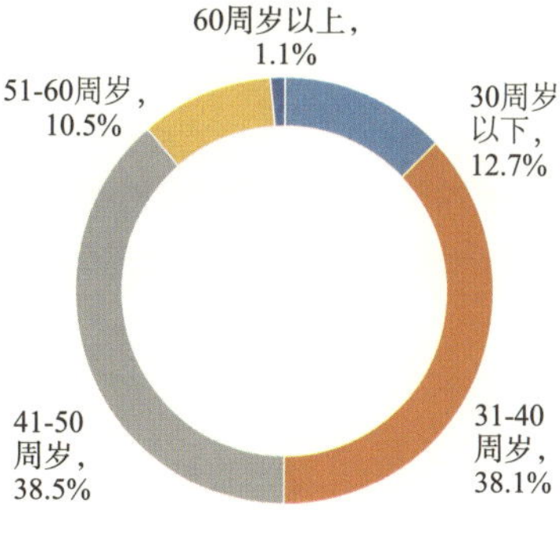

图 4　教练员年龄结构比例

（5）教练员与驾培机构的关系

教练员与驾培机构隶属关系调研结果分析如图 5 所示。由图可知，14% 的教练员与驾培机构是挂靠关系，即教练员自购教练车使用驾培机构的相关教学设施设备进行教学；31% 的教练员承包了驾培机构的教练车开展相应的培训教学；55% 的教练员属于驾培机构聘用员工，驾培机构对其拥有绝对的管理权。挂靠和承包关系往往会导致驾培机构对教练员挂而不管，对教练员的管理流于形式。

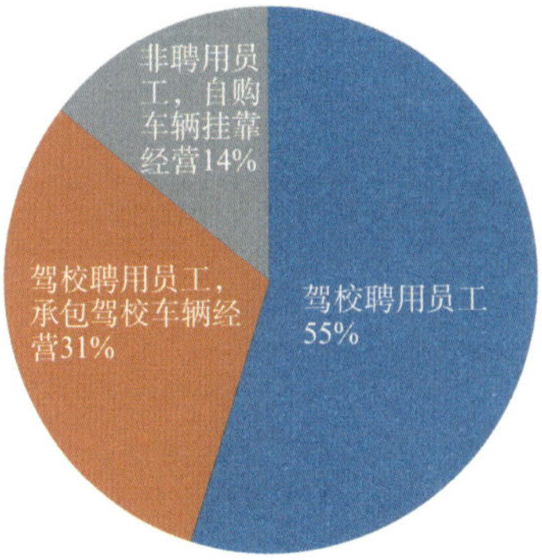

图 5　教练员与驾培机构隶属关系

（6）教练员不文明施教情况

针对教练员教学过程中的不文明施教行为，调研结果分析如图 6 所示。由图可知，在教学过程中，不随车指导学员训练是教练员最常见的不文明施教行为，其次是做与教学无关的事项、不按规定使用计时终端、索取收受学员钱物或者向学员谋取其他利益，虚假填写教学日志、骚扰侮辱歧视学员也是教学过程中常发生的不文明教学行为。

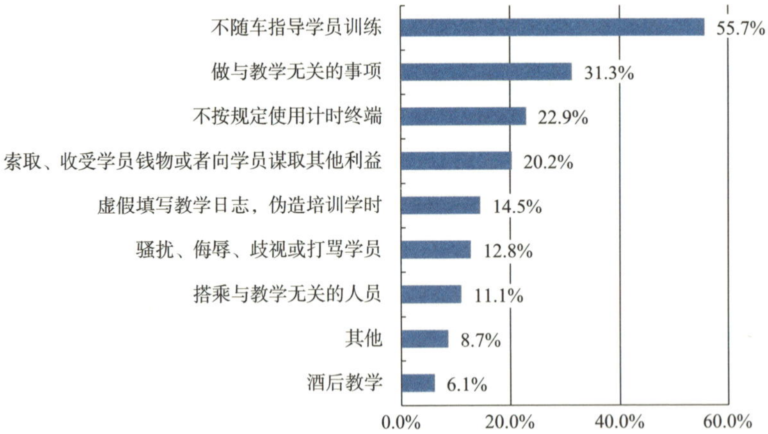

图 6　教练员教学过程中的不文明教学行为

2. 我国教练员管理现状

我国教练员管理可以以2016年为时间节点，划分为从业资格管理阶段和自主聘用管理阶段。自国务院《关于第二批取消152项中央指定地方实施行政审批事项的决定》（国发〔2016〕9号）取消教练员从业资格管理制度后，全国各地对教练员管理呈现多样化。

（1）我国教练员管理形式

为继续保障教练员队伍的综合素质，提升驾驶培训教学质量，当前行业内对教练员的管理主要有以下四种形式：

①驾培机构落实主体责任，实施教练员管理。按照《关于推进机动车驾驶人培训考试制度改革意见的通知》（国办发〔2015〕88号）的要求，驾培机构作为教练员的管理主体，做好教练员管理工作。如四川、贵州和河北等省份部分地市的驾培机构落实教练员管理要求，按需聘用教练员，加强教练员培训以及教学过程管理，落实教练员管理主体责任。

②行业协会发挥自律作用，实施教练员管理。部分地方行业协会健全教练员管理机制、完善教练员培训考核机构，对协会会员单位的教练员实施统一岗前培训、技能素质考核和过程管理，如江苏省、呼和浩特市等地的行业协会针对教练员管理发布相关的考核和管理制度文件。

③管理部门健全信用管理机制，强化事中事后监管。部分省份行业管理部门建立健全教练员信用管理机制体制，完善信用管理手段，对存在收受和索取学员财务、参与驾驶证考试舞弊等严重违法违规行为的教练员，实施教练员黑名单信用管理制度，健全教练员退出机制。如江苏省、江西省等地采用信用黑名单强化教练员事中事后监管。

④地方立法，实施教练员管理。部分省份和地市依据本行政区域的具体情况和实际需要，依法制定地方法律法规，确立了行业管理部门对教练员实施管理的法律地位，在教练员取消从业资格认定后，行业管理部门依据已制定的地方法律依法对教练员实施准入、教学过程和退出管理。

（2）教练员管理主要做法

当前，按照国务院放管服改革精神和行业实际，行业内主要依托于驾培机构实施教练员的管理，行业协会自律和管理部门信用管理由于机制体制建设等因素影响，仅在少数地方予以实施。针对驾培机构对教练员管理的主要做法，笔者对751户驾培机构负责人实施调研，结果如图7所示。归纳来看，对教练员的管理驾培机构已经实施了闭环管理，大多数驾培机构采用建立教练员聘用标准和制度、对聘用教练员实施岗前培训、定期组织开展教练员继续教育、建立学员评价的教练员监督体系，辞退或调离教学服务质量差的教练员。此外，部分驾培机构借助行业协会、第三方机构实施教练员管理和素质提升。

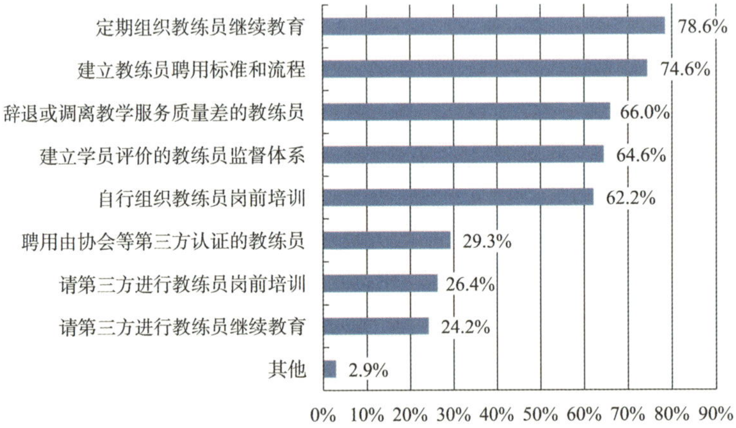

图7　驾培机构管理教练员的主要做法

表面上看，驾培机构对教练员已经实现了闭环管理，但对驾培机构的主要做法进一步分析和探讨，其还存在以下问题需要解决：

①部分驾培机构在建立教练员聘用标准时，未制定出具体的教练员教学服务能力、沟通指导能力和教学风险防控能力的量化标准，对教练员聘用仅关注其会不会开车、能不能开车，对会不会教学、能不能沟通关注甚少，使其聘用的教练员只是合格的驾驶员，而非合格的教练员。

②由于我国相关法规未明确提出教练员岗前教育要求，部分驾培机构对教练员进行培训时，仅培训驾培机构管理规章制度，对教练员应当掌握的教学服务、沟通指导和风险防控等知识未进行系统教学，也未对其进行相应的岗前培训考核，致使岗前培训效果收效甚微，甚

至流于形式。

③法规赋予了驾培机构对教练员实施继续教育的义务，而驾培机构在组织教练员继续教育时，受制于师资力量、节约成本等因素，致使继续教育的教学内容不系统完善，且大部分驾培机构在实施继续教育前未对教练员技能和知识需求展开调研和分析，使得教练员继续教育内容针对性不强，效果不佳。

④学员对教练员培训与服务好坏最具有发言权，建立学员评价的教练员监督体系，并及时反馈有助于提升教练员教学与服务质量。部分驾培机构虽然建立了学员对教练员的监督体系，但在畅通监督渠道、处理学员投诉及时性、对教练员进行反馈与培训等方面还需进一步提升和优化。

⑤我国三级驾培机构占总数的60%以上，行业依旧存在小、散的特点，甚至存在家族式的驾培机构，这些驾培机构的教练员与其负责人或多或少存在亲戚裙带或朋友关系，对部分教学服务质量差的教练员，驾培机构负责人辞退或调离不及时；此外，部分驾培机构主要负责人公司化管理意识不强，管理方式粗放，也进一步影响教练员素质和难以形成完善的教练员管理体系。

三、对策探讨

针对教练员普遍存在学历低、挂靠或承包经营、不文明教学行为等常见现象，以及驾培机构聘用管理、岗前培训、继续教育、学员评价和教练员退出等环节存在的问题，笔者提出了以下对策措施，以提升我国教练员综合素质和优化其管理模式：

（1）探索教练员培养新路径。针对教练员学历普遍较低等现象，积极探索管理部门、行业、企业参与的办学机制，构建驾培机构与职业院校联合培训新路径，形成多渠道经费投入机制。校企双方通过联合招生、联合培养、定向就业，推行教练员订单培养模式，学生毕业后可直接进入定向驾培机构从事教学工作。

（2）构建科学合理的教练员聘用标准。针对驾培机构聘用未注重教学服务、沟通指导和风险防控等能力教练员的问题，行业管理部门应当指导驾培机构构建涵盖教练员驾驶技能、教学服务和沟通指导等的聘用标准，构建科学的教练员聘用标准，以提升教练员聘用的质量。

（3）实施教练员岗前培训考核。针对驾培机构岗前培训效果收效甚微，甚至流于形式等问题，交通运输主管部门要指导驾培机构将职业道德、法规标准、教学能力、教学服务、沟通指导等内容融入教练员培训全过程，并健全岗前培训考核机制，对教练员实施岗前培训考核，并注重教练员教学服务、沟通指导等能力的考核，考核不合格的，不得进入教练员队伍。

（4）实施差异化的教练员继续教育。针对教练员继续教育内容针对性不强，效果不佳等问题，驾培机构在实施继续教育前，可以借助第三方专业力量，对教练员素质和技能现状进行评估，找出教练员知识短板和技能漏洞，然后根据评估结果对教练员实施差异化的继续教育，提升教练员继续教育质量。

（5）优化学员评价监督体系。针对驾培机构学员评价监督体系不完善、不透明等问题，交通运输主管部门要监督驾培机构畅通互联网和线下监督渠道，在报名服务大厅的醒目位置或网站公开投诉受理范围、处理流程及处理时效，对学员投诉及时处置并答复。未及时处理或答复的，引导学员通过行业管理部门或消费者协会维护自身合法权益。

（6）健全并实施教练员信用管理制度。针对教练员不文明教学行为多发、行业退出难等问题，交通运输主管部门应当构建教练员信用管理制度，各地交通运输主管部门应加强驾驶培训机构聘用教练员的监督检查，对不按纲施训、培训记录造假、学员投诉多的教练员，依法依规纳入教练员“黑名单”，实施行业禁入，不断完善教练员退出机制。

（7）创新教练员管理机制和模式。针对部分驾培机构管理意识不强或不具备教练员管理能力的情况，应当创新管理模式，充分依托和借助行业协会和第三方专业机构力量，对教练员实施岗前培训、继续教育和行业监督，并通过深入开展行业调查研究、组织技术交流、职业技能竞赛等活动，提升教练员队伍素质。

四、结束语

当前，相关法规虽然明确了驾培机构是教练员的管理主体，但作为守护道路交通安全防线的关键人员，教练员的素质提升和规范管理需要行业管理部门、行业协会、学员等共同参与，行业管理部门要做好教练员管理的顶层设计、宏观指导以及监督，行业协会要充分发挥和弥补驾培机构在教练员管理中的不足，学员要做好教学服务的监督，共同提升教练员综合素质和规范其管理。

提升教练员队伍素质　赋能行业高质量发展

张志国

摘　要

机动车驾驶培训教练员是实施驾驶培训教学的核心人员，是为驾驶人系好安全文明驾驶“第一粒纽扣”的重要关口，是支撑驾培行业健康发展的基础。因此，有效提升教练员队伍整体素质，对促进驾培行业高质量发展具有重要意义，本文从教练员队伍现状、教练员素质提升、治理“吃拿卡要”三方面进行了分析和论述。

关键词

素质提升；培训管理；行业治理

驾培行业是道路运输行业的重要组成部分，是道路交通保障的基础民生行业，驾培机构是培养驾驶人的摇篮，是道路交通安全的源头。教练员是实施驾驶培训教学工作的核心人员，是为学员系好安全文明驾驶“第一粒纽扣”的重要关口，是支撑驾培行业健康发展的基础。因此，有效提升教练员队伍整体素质，对培养合格文明驾驶人，保障道路交通安全，推动驾培行业转型升级、健康可持续发展，具有十分重要的长远意义。

一、教练员队伍现状

近年来，随着我国驾培行业的快速发展，教学车辆的增加，按照相关行业标准《机动车驾驶员培训机构资格条件》（GB/T 30340—2013），关于教练员不得少于教学车辆的人车数量配比要求，教练员数量也逐渐增加。截至 2019 年底，我国共有教练员 925475 人。其中，理论教练员 58702 人，实操教练员 849151 人，较好地支撑了我国驾培行业的发展。

调研显示，我国教练员群体中 95% 的教练员为男性，其中 36~42 岁年龄段最多，其次是 46~52 岁。从行业性质来看，适合担任教练员工作的最低年龄 24 周岁，最高年龄不超过 60 周岁。以河北省为例，教练员的平均年龄为 41.4 岁。此平均年龄段的教练员家庭负担较重，生活压力大，且整体学历水平、综合素质比较低。

同时，2003—2015 年市场存量充分释放，驾培行业呈现井喷式发展态势，致使驾培机构数量激增，培训能力严重过剩，导致市场过度竞争，驾培市场供大于求，教练员招生压力过大，薪酬待遇降低，且因工作强度高，整体从业稳定性一般，大多数人不愿从事教练员工作，现有的教练员绝大多数是由职业驾驶员半路出家转行而来，素质水平参差不齐，特别是优质人才短缺，不适应新形势下的驾驶培训需求。

二、教练员素质提升

由于我国驾培行业的区域性和复杂性，驾校管理模式混乱，教学质量参差不齐，处于应试教学阶段，教练员素质考核要求较低、挂靠教练员不易管理等问题日益凸显。2016 年，教练员从业资格制度取消，放宽了从业条件，教练员准入门槛进一步降低，但学员对学习安全驾驶技能的需求日益提高。因此，驾校向专业化、品牌化发展是必经之路，需要实施“人才强校”战略，需建立教练员选用、培训、考核、管理体系。

1. 加强新入职教练员的选拔培训考核

（1）在教练员正式入职前，到驾校进行参观体验、座谈交流，了解企业文化及行业特点；

（2）严格入职培训选拔，通过初筛者，进入星级教练员训练营，按照教学大纲要求，接受业务知识、安全知识、礼仪知识等系统培训，并通过军事化训练，磨炼纪律性、规范化；

（3）完成培训且通过考核者，颁发合格证书，成为正式教练员。

2. 做好在职教练员的继续培训教育考核

驾培形势不断发展，学员服务需求更加多元，因此，驾校要高度重视教练员的继续教育工作，并指定专人负责，加强学习宣传，做好检查督促。创新培训方法，丰富学习内容，通过“走出去、请进来”，以脱产或半脱产的方式，不断提高教练员素质、提升服务质量、强化招生与沟通技巧，增强凝聚力和向心力。

3. 以赛促学，以典型引领，促进教风建设

全面促进驾校教风、学风建设，营造“比学赶帮超”的良好氛围。制定科学的促进激励机制，通过开展评教评学、教学技能评比等活动，激励服务创新，加强能力培养，促进素质提升。

4. 建立完善的职级晋升机制

建立“能者上，平者让，庸者下”的考核机制，建立公平公正的员工职业发展通道，根据教练员自身发展意愿，自主选择教练星级晋升或经营管理等岗位，或申请成为驾校合伙人，参与驾校的经营与管理，让教练员有更大发展空间，充分调动教练员的主动性和积极性。

5. 搭建平台，加强挂靠教练管理

从长远看，承包挂靠转直营、合伙制，直营驾校走品牌化、集约化之路，是大势所趋。但因为驾培行业的特殊发展环境，挂靠教练员在短期内还会存在，加强挂靠教练员的管理对于提升驾培行业健康发展尤其重要，驾校需将挂靠教练员纳入直管教练员管理体系，与直管教练员享受同等待遇或发展空间。

三、治理“吃拿卡要”

在早期驾培市场严重供不应求的情形下，“报名难、学车难、考试难”等问题凸显，“吃拿卡要”现象普遍存在。近年来，随着驾驶培训总需求逐步放缓，驾培市场从卖方市场向买方市场过度，“吃拿卡要”现象有所好转，但依然存在。因此，根治“潜规则”，还驾校一片“净土”，给学员一个优良的学车环境，需要多方联动，多措并举，方能取得良好效果。

（1）设立完善的薪酬待遇制度。教练员一经录用，即签订正式劳动合同，缴纳各项保险，给予合理的薪酬及福利待遇，让教练员无后顾之忧，提高教练员的满足感和幸福感。

（2）建立公开公正的奖惩机制。将学员的学车满意度与考试通过率作为教练员的关键考核指标，将学员评分纳入教练员薪酬绩效考核，建立以学员为主的教学服务质量评价处理体系，倒逼教练员规范自身行为，提高服务水平，保证教学质量。

（3）畅通学员投诉举报渠道。建立以校长为组长的学员投诉处

理小组，在驾校明显位置公开投诉电话及设置意见箱，由专人管理，每天定期开启并报送投诉处理小组，认真核查情况是否属实，如属实及时采取处置措施。

（4）建立教练员“黑名单”制度。驾培机构与行管部门共同建立教练员黑名单制度，视其情节严重程度，给予相应处罚。情节恶劣的必须立刻停止驾校用工合同，责令其停止执教，并防止其他驾校再次录用。

（5）强化职业道德教育培训。将师德、师风建设作为教练员培养的一项重要任务，建立健全制度机制，常抓不懈，抓出成效，营造风清气正的职教氛围，如通过典型案例，让教练员看到违规违纪“吃拿卡要”必然要付出的代价，以及驾校整治“吃拿卡要”的决心和信心，从根本上铲除“吃拿卡要”滋生的土壤。

教练员是广大学员的“传道授业解惑者”，不仅担负着教授驾驶技能的职责，还有传播安全文明驾驶理念的使命，是构筑安全、和谐交通的重要一环。充分认清驾培行业教练员整体素质亟待提升的现状，强化治理“吃拿卡要”等问题，优化驾培行业从业人员结构，打造一支具备知识化、年轻化、素质化、职业化的教练员队伍，是行业当前和未来工作的重点。

苦炼内功　先行一步

李　超

摘　要

随着人口红利的消失和政策红利的退出（如备案制、多次自主选择居住地考试政策落地），以及智能机器人教练和VR信息技术的逐步普及，驾培市场势必面临行业结构性调整，迎来“后驾校时代”。在这种新常态下，“办驾校等于赚钱”的传统思路已经落伍，我们不禁想问，驾校的决策者、管理者和教练员们是否已经做好准备迎接新时代，是指望政府部门的“阳光雨露”，还是激流勇进苦练内功？是继续固守等客上门，还是选择主动出击？

以下是浙江省永康市先行汽车驾驶员培训有限公司（简称：先行驾校）关于2021年中道协驾培分会“大走访，大调研”活动“教练员素质提升”的内部调研报告——“苦炼内功 先行一步”。

关键词

先行驾校；吃拿卡要；匠人精神；党建

一、当前先行驾校教练员年龄、学历（职业资格等级）结构组成情况，教练员用工情况

浙江省永康先行驾校是一所成立于2002年具有一级资质专业驾驶员培训机构，拥有训练场地4.5万平方米，各类教练车108辆，教职员工138人，其中本科以上学历占35%，具有高级工以上职业等级占50%以上，四十周岁以上教职员工占60%以上，年培训各类汽车、摩托车驾驶员和货运从业人员6000多人，教职员工社保参保率100%。

二、教练员资格取消后，率先提出并实施“先行教练员素质提升工程”

《国务院关于第二批取消152项中央指定地方实施行政审批事项的决定》（国发〔2016〕9号）决定取消“机动车驾驶培训教练员从业资格证认定”。“教练员从业资格取消”对驾培行业的影响是巨大的，学员民众普遍担心教练员素质下降，职业精神退化，驾校教学将会陷入“鱼龙混杂”的局面。在此形势下，先行驾校决策者经过充分调研，决定提前布局，科学应对——一方面制定入职“门槛”弥补政策真空；另一方面，又果断实施“匠行天下，先行一步”人才强校战略，取得了明显的效果，具体体现在：

1.研究制定教练员“上岗”考评方案，弥补政策真空期，实现了教学工作的平稳过渡

（1）成立由驾培管理部门、驾校负责人、驾培专家和专业教练员（师傅）组成的永康市机动车教练员入职考评领导小组。

（2）考评分为理论知识、操作技能和文明礼仪三个模块。申请教练员除了必须符合相应安全驾驶年限的“硬”指标，还应完成理论知识培训、实操技能训练和文明礼仪教学，并通过理论考试且得分90分以上，实操技能训练和文明礼仪教学考评80分以上为合格。

（3）实行“新教练员”实习制度。通过“理论培训、实操技能训练和文明礼仪”各模块考评合格的教练员，需要在带教“师傅”的指导下完成三个月的实习。经“师傅”评价合格“出师”才能正式与驾校签订劳动合同，转为先行驾校正式“教练员”上岗执教。

2. 以“教练员职业资格取消”为契机，苦练内功打造“工匠型”教练员队伍

（1）提升教练员责任感使命感，打造有品质、有灵魂的驾校。培养合格驾驶员的社会责任感是驾培行业亟待弥补的最大短板。若无精益求精的工匠精神，忽视驾驶人安全意识和文明素养的塑造，相当于为社会提供的是粗制滥造的半成品、残次品。一个忽视驾驶人品质的驾校是没有灵魂的，而没有灵魂的企业只能被市场无情淘汰。先行驾校管理层充分意识到，未来高质量发展的驾培市场必然是属于品质好、质量高、信誉好、有灵魂的驾校。

（2）一支“工匠型”教练员队伍就是驾校的“奢侈品牌”。随着交通事故违法成本的大幅度提高，全社会对生命的珍爱安全的渴望，学员从“学车拿证”开始逐渐转向追求优质的教学服务和良好的学车体验。我们清楚意识到，只有高素质的教练员才能提供高水平的教学服务。

因此，先行驾校把打造“工匠型”教练员队伍作为新时期驾校高质量发展模式的原则，为此先后颁布了《先行驾校“工匠型”教练培养实施方案》，出台了《员工奖励制度》，设立“校长特别奖”，从而在制度设计、资金投入等方面得到保证。经过几年的努力，已初见成效——连续两届浙江省教练员技能比赛冠军花落先行，分别是2018年程晓明教练和2019年吕洪斌教练。先行驾校向两位“冠军”颁发“校长特别奖”，每人奖励人民币一万元。沉甸甸的荣誉和奖励，使得先行教练员切身体会到这份职业令人尊敬、大有作为。

（3）把“使用教练”的过去式调整为“培养教练”现代式。先行驾校鼓励教练员“一技多能”，并为此提供了多方面的支持。例如，与北京交通大学、浙江交通技师学院等院校合作，开展成人学历提升、远程教育培训。特别是为适应驾培改革，先行驾校积极帮助教练员拓

展职业进修渠道，重构知识体系，在教练员学历加职业资格“双师型”技能人才建设方面，在同行业独树一帜。目前，大专及以上学历教练员已经达到35%，拥有中级及以上职业资格的教练员人数达到了50%，如图1所示。

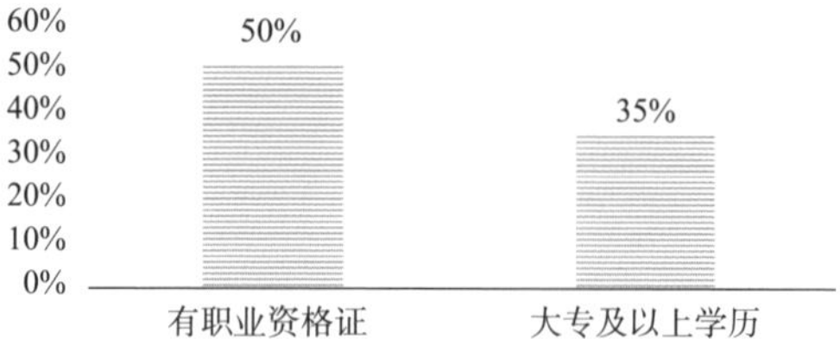

图1 先行驾校教练员知识结构

（4）实施“大师”工程卓有成效。先行驾校现有“程晓明机动车教练员培训技能大师工作室”和“吕洪斌机动车教练员培训技能大师工作室”，通过“大师”的引领作用，把他们身上的工匠精神、创新能力传递给所有教练员。推出别具特色的“师带徒”协议书，鼓励这些“匠人们”通过协议的方式形成稳定的师徒关系，合力培养更多“小匠人”“小名师”。

同时鼓励教练员结合驾驶培训实践，创新教学方式方法。良好的人才培养机制催生出了程晓明的“行驶风险准确预判技术”，吕洪斌的“心态教学法”“关爱教学法”等一批教学实践成果。驾培理论研究也不甘落后，目前已在《中国道路运输》《驾研院》《汽车驾驶与维修》等刊物网站发表论文4篇，其中获奖论文2篇。

以上实践证明，“教练员职业资格取消”对驾培行业的冲击是可转化的，只要严格把控教练员文化素质、社会责任和技术能力，一批教学质量过硬，教练员素质过关的驾校必将在新业态下通过社会口碑发酵，脱颖而出。

三、切实加强挂靠培训经营的教练员管理

我们很多驾校依然停留在挂靠、雇用、劳务等方式使用教练员，

通过教练员、教练车、训练场地的增加带动学员数量增加这种外延式增长作为主要的盈利模式。有的驾校经营者只收费不管理，当起了“甩手掌柜”。凡此种种粗放式外延式的经营方式，一方面难以适应驾培市场高质量发展的需要；另一方面破坏了驾培市场长期形成的生态链，这种模式在新业态下将很快进入发展“瓶颈”。

先行驾校早在驾校成立之初，就坚持公车公营经营的经营模式，由驾校统一经营杜绝挂靠。

四、坚决治理教练员吃拿卡要等行业顽疾

近年来，在驾培驾考改革和市场竞争压力的倒逼下，很多驾校全面向“吃拿卡要”宣战，严厉打击这种歪风邪气，不正之风得到极大收敛。“吃拿卡要”、学时不足等现象根深蒂固，不仅害学员害驾校，其实也害教练员自己。当前，无论是政府的“大环境”还是驾校的“小社会”都非常有利于根治“吃拿卡要”、学时不足等顽症。先行驾校经过多年坚持不懈的努力，在净化驾校环境，治理教练员“吃拿卡要”等顽症形成了一套较为完整又实用的做法。

（1）进行荣辱教育。要办成一所“与众不同”的驾校，必须“动手术刀”切除“毒瘤”。所以，建校之初，先行驾校立场坚定，旗帜鲜明反对“吃拿卡要”，首先从社会反应最多的“吃”下手，向全社会承诺“先行驾校教练员不吃学员一餐饭”。除了严厉的“堵”同时采取科学的“疏”，配套建设永康市条件最好的驾校食堂，聘请专业厨师掌勺，规定驾校食堂保本经营。直到今天，先行驾校的食堂软硬件条件遥遥领先同行。

（2）人手一册《学员手册》。每位学员报名后，会收到驾校发出的《学员手册》，《学员手册》的首页显著位置标注“先行驾校教练员廉洁自律承诺书：训练过程中师生分餐，教练回食堂就餐，不吃学员一餐饭；不接受学员任何馈赠”。同时明确告知学员“不要向教练员送礼”，教练员不能有“吃拿卡要”等行为。同时公布监督电话及微信。“学高为师，身正为范”教练员的表率作用对学员来说也是

一次非常深刻的“规则意识教育”，与培养学员良好守法意识、规则意识一脉相承。

同时，教练员必须向每一位学员宣读先行驾校教练员自律承诺书，自觉接受学员监督，效果明显。多年来“先行驾校教练员真的不收学员馈赠，不吃学员一顿饭。”成为社会共识，赢得了学员认可也就赢得了市场口碑。

（3）正反典型案例宣传警示教育。立规就要守规，不做花架子，对于违规现象，比如 2018 年 5 月，某驾校科目二训练，因教练不在岗被处以罚款 500 元，而教练员则以学员监控位置乱开为由，将 500 元罚款由学员分担。我们及时公开严肃处理了该教练，双倍退回收取的费用，效果立竿见影。

（4）开展“爱学员”教育。“爱”是世界最美好的感情，是人类共同的语言，“爱”是会传染，教练员是学员学习驾驶的启蒙老师，教练员教学时心怀有“爱”，教练和学员的语言、行为和心理都会产生积极的变化，潜移默化影响学员安全意识、文明驾驶习惯的形成。先行教练员真心实意为学员着想，也会得到学员的肯定，为营造和谐的教学环境创造了良好的条件。

（5）全方位监督，常常有提醒“照镜子”“整扣子”。先行驾校在报名大厅和大楼门口两侧的宣传栏、食堂餐厅等位置张贴公布驾校廉洁自律承诺，提醒教练员“照镜子”“整扣子”；按一定比例学员进行电话回访聆听学员的心声；开展学员满意度调查，对于优秀的意见和建议，由校长亲自颁发红包或者学车优惠券，这个方式能够有效了解学员的真实想法，避免了在学习期间不愿说或者不敢说的顾虑，不仅成本低效果好，能更及时发现不良苗头，无形之中起到震慑监督作用。

诚信建设是现代社会重要的管理手段，由先行驾校牵头建立驾培行业净化环境黑名单通报制度，让那些存在“吃拿卡要”的教练员在业界难有容身之处。

（6）党建引领。培养合格驾驶员是驾校的天然使命，减少交通事故，降低交通事故死亡率应该是我们驾培人坚守的初心。把驾培工作与党建工作紧密地联系在一起，有助于端正办校方向，牢牢把握驾校培养安全文明驾驶员的神圣使命。先行驾校党建工作一直走在同行前列，经过多年实践，形成了适应驾校特点的党建工作新局面。

2007 年，先行驾校在全市驾培行业第一个成立党支部，十几年来一直非常重视把驾校骨干发展成为党员，同时，也把党员培养成业务骨干，驾培工作中充分发挥党员先锋模范作用。比如，获得浙江省明星教练员七人中党员就占六人，其他优秀教练员当中，党员比例也领先同行，这些党员教练敬岗爱业，职业素养好，服务意识强，在教学过程中自觉地履行“教车育人”的社会责任，帮助驾校取得了良好的社会效益和经济效益。

万山磅礴，必有主峰，先行驾校体现了优秀驾校的战略思维、强烈的责任担当。

[结语]

中国民族品牌华为掌舵人任正非时时提醒员工，华为能走到今天就是凭着一种坚守精神，一种厚积薄发的精神，“当我们像乌龟一样在爬的时候，中国可是四处都是鲜花，我们全当作没有看到，至今还在艰苦奋斗。”

君子务本，本立而道生。先行驾校不抱怨，不等待，也不追求“短平快”，而是脚踏实地，苦练内功，以时不我待，只争朝夕的使命感，在驾培市场还是四处都是“鲜花”时，居安思危，主动识变，像乌龟一样默默“先行一步”厚积薄发。今天我们不仅看到闪耀着“工匠精神”光芒的浙江省教练员技能比赛“冠军”，还看到了“冠军”后面正在成长小匠人、中匠人、大匠人……这些匠人们正是先行驾校的核心竞争力，也是新时期驾培事业高质量发展的希望所在。

第七章　协会工作

“放管服”改革中的驾培行业协会工作

上海市机动车驾驶员培训行业协会

摘 要

“放管服”改革中，面临新的形势，驾培协会如何立足行业发展历史和现状，着眼行业未来发展，促进行业提升服务水平，向品牌化、科技化、集约化发展，不断增强竞争实力，扩大竞争空间，促进行业向现代服务业转型升级。

关键词

“放管服”改革；驾培行业；协会工作

一、行业协会建设和工作状况、主要经验

近年来，上海市机动车驾驶员培训始终秉承“服务、自律、协调、代表”的基本职能，在政府管理部门的关心支持下，在各会员单位的积极响应和配合下，努力将“服务行业、服务会员、服务政府”作为中心工作并落到实处，使得服务的路子越来越宽，服务的方式越来越多，服务的效果越来越明显，维护了行业有序、健康发展，为营造驾培行业和谐氛围，促进行业向现代服务业转型升级做出了努力。

为响应国家战略定位，协会组织会长单位及专家委员会成员利用安徽省驾培协会换届改选的机会，向长三角地区三省一市驾培协会提出战略合作及信息共享的倡议，三省一市协会相互间签订友好协会协议书。会议期间，协会还与兄弟省市驾培同仁进行了座谈，了解他们在困难条件下走出困境的成功做法以及对驾培行业发展的思考，受益匪浅。

随着“放管服”改革的不断深入，如何在新形势下做好协会工作，有效发挥行业协会作用，是摆在协会面前的一道难题。为此，协会在工作中转变工作思路，不断摸索，找准工作方向，及时了解行业发展现状及困难，积极听取各会员单位意见，与政府各管理部门加强沟通，在复杂的情况下也取得了一些工作成效。

1. 及时反映行业问题，有效维护经营秩序

自公安部推出异地分科目考试便民措施后，个别教练员利用异地分科目来沪考试的措施，忽悠学员，将本市学员输送到异地开班，在逃避学时监管的同时也扰乱了驾培行业的正常经营秩序，这一切使得本来就不容易的驾培经营状况变得更加艰难。在这种情况下，协会主动与市道路运输管理局、市道路运输事业发展中心、市车辆管理所、市交通委执法总队等政府管理部门及时沟通，多次协调，审时度势多次出台应对措施，把好“方向盘”，使行业从市场混乱的困境中走出来，全行业经营秩序得到有效维护。

2. 携手共同面对疫情，协调为会员单位减负

2020 年新冠肺炎疫情发生以来，协会与行业各会员单位一起，直面疫情、精准施策，抓准行业突出矛盾，协调各方面关系，尽可能地帮行业减负。抓住行业反映的突出问题，从减轻培训机构负担的角度出发，各方协调，取得共识。协会在走访经营性教练场及培训机构的基础上，汇总了八个方面的减负建议，在市道路运输管理局及市道路运输事业发展中心的大力支持下，与各方反复协调，取得较好效果。从目前情况看，除涉及交通安全原则问题外，大部分减负措施已落实，全行业实际减负超过 2500 万元。

3. 积极配合管理部门，落实各项管理工作

实践告诉我们，在全面落实计时培训规定的基础上实行“滚动开班”措施是稳定行业、发展行业的有效做法。协会在政府管理部门的指导下，认真做好配套服务工作。一是加大对计时数据的抽查力度，分析异常计时数据产生的原因。二是联合计时设备供应商对私自安装或改装计时设备、改变其功能的教练车进行严查，并建议政府管理部门采取行政措施。

2021 年是本市上一轮车载计时设备使用的最后一年，协会在市道路运输事业发展中心的指导下，对计时培训系统、各计时终端存在的问题进行分析，针对计时终端运行的监管如何加强、异常情况如何及时发现并处置、采用什么形式安装等问题，逐一进行研究并拟定解决方案，协助管理部门为接下来的计时培训系统升级、各计时终端的使用、设备价格等各个方面提供参考意见并制定标准。同时，组织行业专家对计时设备的相关技术规范提出了修改意见。

此外，为了将政府购买社会考场服务的便民利民措施做好、做出成效，协会始终把配合车辆管理所加强考场管理、考场规范、考场服务作为重要工作，优先考虑、优先安排、优先落实。一是配合车辆管理所进行考场管理工作交叉检查，重点检查考场日常管理、制度建设、考试车管理、考场场地及线路、考场现场管理等，发现问题责成考场及时进行整改。二是配合车辆管理所对考场的防疫工作进行检查，为

全行业复考做好疫情防控的前期准备工作，尽力确保不发生疫情传播。三是在车辆管理所统一安排下对考场的安全员进行梳理，并对新任安全员进行业务知识培训。四是参与车辆管理所对考场管理、辅助人员管理、考场业务流程等制度进行讨论、修订。

二、现行体制下，如何发挥行业协会作用

当前，为贯彻落实新修订的《中华人民共和国道路交通安全法》和《国务院关于深化“证照分离”改革进一步激发市场主体发展活力的通知》（国发〔2021〕7 号）关于机动车驾驶员培训备案管理的改革部署，各地都在积极准备，做好《机动车驾驶员培训管理规定》（交通运输部令 2016 年第 51 号）修订前机动车驾驶员培训经营备案管理工作。

许可改备案后，进入驾培行业的“门槛”将降低，原先有些不正规的“驾校”可能由此进入正规驾培行业，使现有的驾培市场格局变得复杂。这一改变将给目前正规驾校的经营带来冲击，从而进一步加剧市场竞争。但着眼长期来看，此次的改革既是挑战也是机遇，驾培行业应该直面挑战，抓住机遇，积极应对，主动变革。其中，驾培协会在行业制度改革和转型发展中可以起到积极的作用。通过加强与各会员单位的联系，听取行业内不同的意见和建议，交流沟通不同的看法，取得相互理解，在协会制定的行规行约框架下强化行业自律。同时，利用各种途径，及时收集信息反映情况，加强与政府各管理部门的协调与沟通，协助管理部门完善各项管理制度，配合做好事中事后监管，充分发挥好行业协会的自律、服务、协调作用。协会可以在以下几个方面开展工作，发挥作用。

1. 加强信用管理，规范行业行为

一是要进一步落实加强行业信用管理、提升培训质量和服务水平的工作，切实落实“滚动开班＂的各项管理举措。认真分析现行“滚动开班”措施执行情况，在加强调研的基础上，根据去除过剩产能的总体工作目标，协助主管部门不断完善“滚动开班”措施。二是培养

高素质教学、管理人才队伍，辅以先进科技手段，坚持开展规范化教学。三是不断完善培训监管平台，加强学时监管，与政府各主管部门紧密联系，促进交通部门与公安部门培训学时联网对接。四是主动配合交通委执法总队的依法执法，加强与交通委执法总队的沟通联系，将行业置于执法监督范围内，配合做好事中事后的行业监管工作。

2. 充分发挥协会专家委员会作用，积极建言献策

协会的专家委员会是本市驾培行业的智囊团，多年来为提高培训质量、提升教练员队伍综合素质，也为提高执行法律法规及各项规章制度的力度起到了积极的作用。在新的时期，专家委员会积极响应国家新发展理念，抓住智能科技、数字化转型、绿色低碳发展等带来的机遇，注重调查研究，对新政策出台后行业出现的新情况、新动向进行分析，为政府管理部门决策提出依据，推动行业不断转型发展。

3. 推行智能化教学，促进行业升级转型

实现智能化教学不是简单的减少教练员数量、降低培训成本的经济概念，而是顺应科技发展潮流、提升行业科技综合水平的大胆尝试，代表着驾培行业向现代服务业发展的重要举措。在此形势下，协会对已经开展智能化教学并已初步形成培训规模的智能化教学培训机构进行扶持，并提供必要的指导和帮助。同时，对智能化教学的利、弊进行实事求是的分析，提出中肯、有见解的意见和建议，为政府管理部门出台相关政策提供依据。

2021 年是“十四五”规划的开局之年，虽然摆在我们面前有许多困难，但我们必须坚定一个信念，就是挑战与希望并存，困难与进步同在，关键看我们怎样把解决困难和问题的过程成为推动各项工作的不断进步的过程，变成促进行业健康发展的内在动力。

作为行业代表，驾培协会在政府管理部门的领导下，必须认清形势、直面疫情、凝心聚力、迎接挑战。要凝聚共同意志，把握正确方向，明确工作目标，创新工作思路，取得新的成绩，更好地为行业服务、为驾培企业服务、为政府管理部门服务。

上海市机动车驾驶员培训行业协会将“服务于会员、坚持以人为本理念，服务于行业、提高拓展功能能力，服务于政府、发挥桥梁纽带作用”作为基本原则。积极参与政府主管部门行业标准的制定，注重从“源头”维护行业及会员单位的合法权益，增强协会的凝聚力。